| 新型工业化丛书 |

制造业品质革命

发生机理、国际经验与推进路径

代晓霞 于 娟 陈 娟 等 著

电子工业出版社
Publishing House of Electronics Industry
北京·BEIJING

内 容 简 介

本书从制造业品质革命的概念及发生机理出发，提出了制造业品质革命的内涵、特征及发生路径，总结梳理了国内外推进制造业品质革命的先进经验，构建了涵盖结构、质效、品牌三个维度的评价指标体系。在此基础上，从总体、不同区域和发展阶段、不同产业类型三个维度，提出了我国制造业品质革命的推进路径，绘制了推进我国制造业品质革命的战略路径图。

本书可供关注制造业转型升级的政策制定者、产业研究人员和企业管理人员阅读参考。

未经许可，不得以任何方式复制或抄袭本书之部分或全部内容。
版权所有，侵权必究。

图书在版编目（CIP）数据

制造业品质革命：发生机理、国际经验与推进路径 / 代晓霞等著. -- 北京：电子工业出版社，2024. 11. (新型工业化丛书). -- ISBN 978-7-121-48628-9

Ⅰ. F426.4

中国国家版本馆 CIP 数据核字第 2024LY4909 号

责任编辑：宁浩洛
印　　刷：三河市鑫金马印装有限公司
装　　订：三河市鑫金马印装有限公司
出版发行：电子工业出版社
　　　　　北京市海淀区万寿路 173 信箱　　邮编：100036
开　　本：720×1000　1/16　印张：11　字数：174 千字
版　　次：2024 年 11 月第 1 版
印　　次：2025 年 4 月第 3 次印刷
定　　价：69.00 元

凡所购买电子工业出版社图书有缺损问题，请向购买书店调换。若书店售缺，请与本社发行部联系，联系及邮购电话：（010）88254888，88258888。
质量投诉请发邮件至 zlts@phei.com.cn，盗版侵权举报请发邮件到 dbqq@phei.com.cn。
本书咨询联系方式：（010）88254465，ninghl@phei.com.cn。

新型工业化丛书

编 委 会

主　编：张　立

副主编：刘文强　许百涛　胡国栋　乔　标　张小燕
　　　　朱　敏　秦海林　李宏伟

编　委：王　乐　杨柯巍　关　兵　何　颖　温晓君
　　　　潘　文　吴志刚　曹茜芮　郭　雯　梁一新
　　　　代晓霞　张金颖　贾子君　闫晓丽　高婴劢
　　　　王高翔　郭士伊　鲁金萍　陈　娟　于　娟
　　　　韩　力　王舒磊　徐子凡　张玉燕　张　朝
　　　　黎文娟　李　陈　马泽洋

序言
Foreword

工业化推动了人类社会的巨大进步，也深刻改变着中国。新时代新征程，以中国式现代化全面推进强国建设、民族复兴伟业，实现新型工业化是关键任务。党的十八大以来，习近平总书记就推进新型工业化的一系列重大理论和实践问题作出重要论述，提出一系列新思想新观点新论断，极大丰富和发展了我们党对工业化的规律性认识，为推进新型工业化提供了根本遵循和行动指南。2023年9月22日，党中央召开全国新型工业化推进大会，吹响了加快推进新型工业化的号角。

实现工业化是世界各国人民的期盼和梦想。18世纪中后期，英国率先爆发工业革命，从而一跃成为世界强国。19世纪末，德国、美国抓住第二次工业革命的机遇，也先后实现了工业化。世界近现代史反复证明，工业化是走向现代化的必经之路。习近平总书记强调，工业化是一个国家经济发展的必由之路，中国梦具体到工业战线就是加快推进新型工业化。新中国成立以来，我国大力推进工业化建设，积极探索新型工业化道路，用几十年时间走完西方发达国家几百年走过的工业化历程，取得了举世瞩目的伟大成就，为中华民族实现从站起来、富起来到强起来的历史性飞跃提供了坚实的物质技术基础。

2023年4月，工业和信息化部党组决定依托赛迪研究院组建新型工业化研究中心，旨在学习研究和宣传阐释习近平总书记关于新型工业化的重要论述，深入开展新型工业化重大理论和实践问题研究。一年多来，形成了一批重要研究成果，本套丛书便是其中的一部分。

数字化、绿色化是引领时代变革的两大潮流，实现新型工业化必须加快推进数字化、绿色化转型。《数字化转型赋能新型工业化：理论逻辑与策略路径》一书认为，数字化转型正在深刻重塑人类社会，要充分发挥数字化对新型工业化的驱动作用，加快制造业发展方式的根本性变革。《数据基础制度：夯实数据要素市场根基》认为，数据基础制度建设事关国家发展和安全大局，要加快完善我国数据基础制度体系。《算力经济：生产力重塑和产业竞争决胜局》提出，通过算力技术的创新和应用，能够发展新质生产力，推动传统产业的数字化转型和智能化升级，培育壮大新兴产业，布局建设未来产业。《融合之力：推动建立"科技—产业—金融"良性循环体系研究》一书，总结了美、德、日等国推动科技、产业、金融融合互促的主要做法，并提出了符合中国国情和发展阶段的总体思路与具体路径。《"双碳"目标下产业结构转型升级》从重点行业、空间布局、贸易结构、风险防范、竞争优势等方面论述了产业结构转型升级问题，并从体制机制、要素保障、政策体系等层面提出对策建议。

推进新型工业化，既要立足国情，体现中国特色和中国场景，也要树立全球视野，遵循世界工业化的一般规律。《产业链生态：机理、模式与路径》一书认为，当前全球经济竞争已经进入到产业链竞争的时代，该书构建了产业链生态的"技术层-生产层-服务层-消费层-调节层"五圈层结构理论，提出了构建产业链生态的筑巢引凤、龙头带动、群星荟萃、点线面递进、多链融合、区域协同六种典型模式。《制造业品质革命：发生机理、国际经验与推进路径》认为，世界制造强国在崛起过程中都会经历"品质"跃升阶段，纵观德国、日本、美国的工业化历程莫非如此，我国也要加快推进制造业品质革命。《瞰视变迁：三维视角下的全球新一轮产业转移》指出，产业转移是不可避免的全球经济规律，对促进全球工业化、科技创新等有积极意义，应系统全面评估产业转移对新型工业化的综合影响，积极谋划并提前布局，增强在全球产业链供应链空间布局中的主动性。《跨越发展：全球新工业革命浪潮下中国制造业发展之路》通过国际和国内比较，对中国制造业实现跨越式发展进行了多维度分析，并提出了可行性建议。从知识层面来说，材料丰富、数据扎实与广泛性构成了此书的显著特色。《面向2035的机器人产业发展战略研究》一书为实现机器人强国战略目标，提出拥有核心关键技术、做强重点领域、提升产业规则国际话语权三大战略举措。

总的来看，本套丛书有三个突出特点。第一，选题具有系统性、全面性、针对性。客观而言，策划出版丛书工作量很大。可贵的是，这套丛书紧紧围绕新型工业化而展开，为我们解决新型工业化问题提供了有益的分析和思路建议，可以作为工业战线的参考书，也有助于世界理解中国工业化的叙事逻辑。第二，研究严谨，文字平实。丛书的行文用语朴实简洁，没有用华丽的辞藻，避免了抽象术语的表达，切实做到了理论创新与内容创新。第三，视野宏大，格局开阔。"它山之石，可以攻玉"，丛书虽然聚焦研究中国的新型工业化，处处立足中国国情，但又不局限于国内，具有较高的研究价值与现实意义。

本套丛书着眼解决新时代新型工业化建设的实际问题，较好地践行了习近平总书记"把论文写在祖国大地上"的重要指示精神。推进新型工业化、加快建设制造强国，不仅关乎现代化强国建设，也关乎中华民族的未来。相信读者在阅读本丛书之后，能更好地了解当前我国新型工业化面临的新形势，也更能理解加速推进新型工业化建设的必要性、紧迫性与重要性。希望更多的力量加入到新型工业化建设事业中，这是一项事关支撑中华民族伟大复兴的宏伟工程。

是为序。

苏波

2024 年冬

前言
Introduction

制造业品质革命是培育国际竞争新优势的必经阶段，是推进新型工业化、实现中国式现代化和中华民族伟大复兴的产业基础。综观世界主要工业强国的发展之路，其都曾经在制造业发展的关键节点上实施了"品质革命"，从而完成了华丽的转身。制造业是我国实体经济的基础，也是科技创新的主战场；高质量是制造业强大的重要标志之一，既是企业和产业核心竞争力的体现，也反映了国家综合实力。在全球化的背景下，中国制造业正处于一个新的起点，只有不断提高品质，才能推动中国制造业的崛起和发展。总体上，现阶段我国制造业在结构、质效、品牌等方面还存在不同程度的短板，迫切需要从国家发展战略层面对制造业品质提升进行总体谋篇布局，更好地服务于中国式现代化建设。

本书从制造业品质革命的概念及发生机理出发，提出了制造业品质革命的内涵、特征及发生路径；基于国际视角，对制造业品质革命发生机理和路径的理论分析，提出了技术创新、组织变革、消费升级、文化导向是制造业品质革命的四大发生路径，以效率变革、动力变革促进品质变革，是制造业走向转型升级高质量发展的必由之路；基于国内区域视角，从强龙头型、跨越型、稳进型三种类型进行总结梳理，运用模型和软件分析法对制造业品质革命关键指标、权重和进程指数进行了分析测算，构建了涵盖结构、质效、品牌三个维度的评价指标体系。在此基础上，从总体、不同区域和发展阶段、不同产业类型三个维度，提出了我国制造业品质革命的推进路径，绘制了推进我国制造业品质革命的战略路径图，构建了从理论创新到实践探索、从产业视角到区域视角的论述体系。

《制造业品质革命：发生机理、国际经验与推进路径》为我国制造业转型升级提供了实践指导和研究支撑。本书的出版将有利于深化业界对制造业各领域的认识，有利于推动我国制造业向高质量发展。由于制造业行业众多，国家间、行业间、区域间差异较大，需要深入研究探讨的问题很多，本书难免存在疏漏和不足之处，希望读者不吝批评指正。

目录
Contents

第一章
制造业品质革命的概念解析 / 001

一、品质革命的提出和历史沿革 / 002

二、制造业品质革命的内涵和特征 / 005

三、我国推进制造业品质革命的迫切性及重要性 / 007

第二章
制造业品质革命的发生机理 / 010

一、制造业品质革命的理论基础 / 011

二、制造业品质革命的发生路径 / 014

第三章
典型国家制造业品质革命的经验借鉴 / 018

一、德国：精益制造的国家品牌战略 / 019

二、美国：构建创新驱动的制造体系 / 028

三、日本：注重精细化设计和高效的供应链管理 / 033

四、韩国：融合文化时尚元素 / 037

五、以色列：塑造政学资企协同的创新生态 / 041

六、瑞士：工匠精神和科技强国战略 / 048

七、启示 / 050

第四章
我国推进制造业品质革命的基础条件 / 054

一、我国制造业规模大且有韧性，正处于由大变强的关键跃升阶段 / 055

二、我国制造业质量品牌建设持续推进，但在产品结构、质量效益、品牌价值方面仍需提升 / 058

第五章
基本实现制造业品质革命的关键指标及标志 / 064

一、基本实现制造业品质革命的关键指标 / 065

二、我国当前制造业品质革命进程指数的测度 / 067

三、我国制造业品质革命推进阶段及标志 / 074

第六章
我国制造业品质提升的实践探索 / 076

一、强龙头型：上海制造不断向产业链价值链高端攀升 / 077

二、跨越型：浙江、广东、福建制造从低起点向高品质跨越 / 081

三、稳进型：山东、安徽制造从规模扩张向质量效益提升稳进 / 089

四、我国制造业品质提升典型模式的启示 / 093

第七章
我国制造业品质革命需解决的核心问题 / 096

一、高质量强品牌发展是制造业品质革命的突破重点 / 097

二、我国制造业品质提升不平衡问题较突出 / 099

三、我国制造业品质提升动能有待提振 / 102

第八章
我国制造业品质革命的推进路径 / 105

一、总体推进路径 / 106

二、不同区域和发展阶段的推进路径 / 112

三、不同产业类型的推进路径 / 115

第九章
推进我国制造业品质革命的保障措施 / 119

附录 A
质量强国建设纲要 / 123

附录 B
制造业设计能力提升专项行动计划（2019—2022 年）/ 139

附录 C
数字化助力消费品工业"三品"行动方案（2022—2025 年）/ 146

参考文献 / 156

后记 / 161

CHAPTER 1 | 第一章
制造业品质革命的概念解析

一、品质革命的提出和历史沿革

品质革命最早可以追溯到 19 世纪 70 年代，德国在工业化初期首次通过品质革命实现制造业赶超。19 世纪 70 年代初，德国统一后不久，由于其工业革命起步较晚，许多产业尚不成熟，只能模仿生产英国的产品。1887 年英国议会修订《商标法》，规定从德国进口的产品，必须注明"德国制造"，以此区分英国产品和德国的仿制品。此举激发了德国各界对提高制造业品质的重视程度，从政府到企业、从法律到认证、从教育到文化，德国逐步建立起覆盖全社会的质量管理体系以改善"德国制造"的声誉。1893 年，在美国芝加哥举办的世界商品博览会上，德国产品以高精度和高质量脱颖而出，一改此前粗制滥造的形象，实现了跨越式赶超。20 世纪 50 年代，德国再次开展"以质量推动品牌建设，以品牌助推产品出口"的品质革命，在全球确立了"德国品牌，质量一流"的国家形象，助其在第二次世界大战后迅速恢复，重回世界制造强国之列。

同期，美国通过制造业品质革命实现了对英国的赶超。独立战争使美国意识到制造业的重要性，但由于自身发展基础薄弱，且英国对美国实施禁止出口新机器和产品等商贸限制，美国与英国的制造业发展水平差距不断拉大。为了发展工业，美国开始进行技术建设和创新。19 世纪末，通过技术创新和生产流程优化，美国已经开发出了生产率高于英国水平的新工艺和新产品。1913 年，"福特制"出现后，美国大力发展流水线等大规模生产方式，以机器零部件标准化为主的质量管理新模式成为推动美国"规模生产制"的保障；同时美国政府通过完善相关法规，促使企业重视产品质量。20 世纪 80 年代初，日本产品因物美价廉在美国市场的占有率大幅上升，严重挤压了美国产品在本土的市场空间。为了应对来自日本的挑战，美国开展强化质量意识运动，推出以《质量振兴法案》为核心的一系列提升质量水平、强化质量创新的政策措施，通过品质革命再次重返制造业大国地位。

20世纪60年代，日本在第二次世界大战的废墟中寻求工业发展之路。在戴明质量理论的影响下，日本开始实施"质量救国"战略，将制造业品质革命上升到国家战略层面。通过开展"产业合理化运动"、设立世界首个国家级质量奖——戴明质量奖、创新质量管理办法等措施，大力推动企业全面增强质量意识，提高产品质量。日本的"质量救国"战略推动了企业在技术、设计、产品定位等领域的全面创新，对提升产品质量、优化产业结构、提高企业生产效率等起到了重要的促进作用，也使"日本制造"成为全球制造业的质量标杆。著名质量管理专家约瑟夫·朱兰博士对日本制造业的崛起给出了这样的评价："日本的经济振兴是一次成功的品质革命。"

20世纪90年代，为了应对彼时以价格为优势的中国和以技术为优势的日本，以及越来越复杂的国际竞争环境，韩国开始实施"21世纪质量赶超计划"，并提出了"创21世纪质量第一国家"的目标。韩国强调通过持续性的质量管理，降低成本、提高生产效率，努力生产最好的产品，并将质量经营概念延伸到整个社会，希望通过全社会的质量提升，实现制造业国际竞争力的持续提高和国民收入的持续增长。通过"21世纪质量赶超计划"等品质革命，韩国比较成功地跨越了中等收入陷阱，实现了经济的持续增长。

我国制造业品质革命的提出经历了以下几个阶段。2012年，党的十八大明确提出"把推动发展的立足点转到提高质量和效益上来"，我国由此开启了全面提高发展质量效益的"质量时代"。同年，国务院颁布实施了《质量发展纲要（2011—2020年）》，强调"质量发展是兴国之道、强国之策"。2016年5月，国务院常务会议首次提出，立足大众消费品生产推进"品质革命"，推进品质文化、品质创新、品质研究、品质制度等方面的改革。随后，2018年《政府工作报告》指出，要"全面开展质量提升行动，推进与国际先进水平对标达标，弘扬工匠精神，来一场中国制造的品质革命"。2022年10月，党的二十大报告提出"加快构建新发展格局，着力推动高质量发展"，加快建设制造强国、质量强国。我国推进制造业品质革命的重要政策见图1-1。

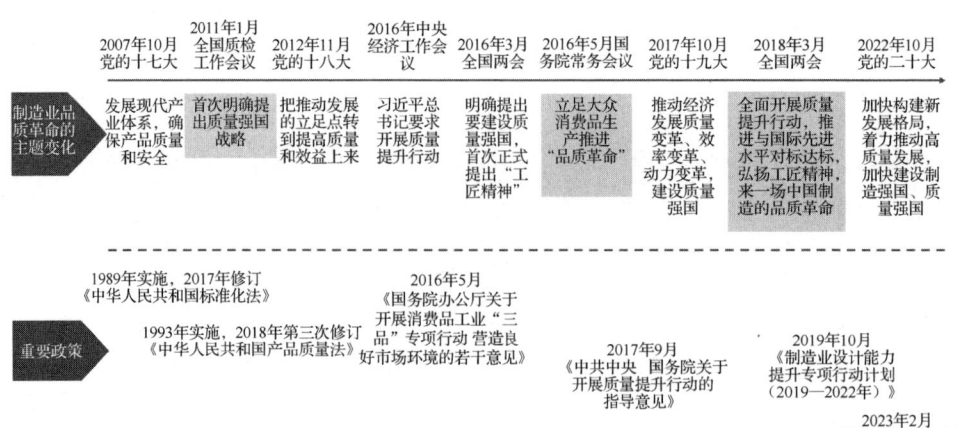

图 1-1 我国推进制造业品质革命的重要政策

综观各国制造业品质革命的发展历程，随着经济社会的不断发展，质量概念在 20 世纪经历了三个阶段：一是 20 世纪前期，技术标准约束下的符合性质量，由生产者主导；二是 20 世纪中期，以顾客满意度为目标的适用性质量，由消费者主导；三是 20 世纪末期，以提升竞争力为主线的竞争性质量，由竞争者主导。进入 21 世纪，质量概念再次发展变化，转向致力于全面提升质量绩效的卓越性质量，由质量标杆主导。目前，发达国家的质量概念基本处于从竞争性质量向卓越性质量转变的过程中，以价值创造为核心战略，以技术创新、品牌缔造、资源整合等为主要抓手，争创"品质一流"。质量概念的历史沿革见图 1-2。

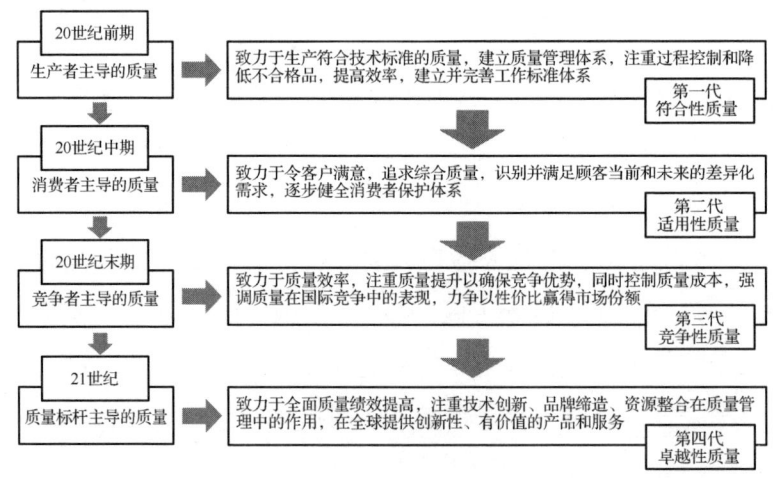

图 1-2 质量概念的历史沿革

二、制造业品质革命的内涵和特征

（一）内涵

《辞海》中对"品质"的释义涵盖了两个层面：一是指人的行为、作风所表现出的思想、认识、品性等的本质；二是指产品的质量。本书所讨论的"制造业品质"聚焦中观产业层面，主要指供给侧质量，包括品种、质效、品牌等能否满足人民日益增长的美好生活需要，制造业的发展能否实现质的有效提升与量的合理增长之间的综合均衡。

制造业品质革命的概念是基于制造业品质的定义与内涵演化而来的。当前，理论界尚未就制造业品质革命的概念形成统一共识，本书编写组在综合国内外理论和实践研究的基础上，尝试性地提出了制造业品质革命的概念。

制造业品质革命[①]是一场以提升供给侧质量为主攻方向，以增品种、提质效、创品牌为主要抓手，供给侧、消费侧、政府侧共同发力，推动制造业质量变革、效率变革、动力变革，最终实现中国制造向中国创造转变、中国速度向中国质量转变、中国产品向中国品牌转变的产业变革。其具体内容包括三个方面：一是制造业的转型升级，包括产业技术创新、产业结构优化、产业链跃迁等，进而实现制造业赶超；二是产品品质的提升，通过增品种、提质效、创品牌来实现高质量的产品供给，满足人民群众的美好生活需要；三是完善质量发展的体制机制，包括扩大政策供给、搭建公共服务平台、完善标准体系、弘扬工匠精神等，为制造业品质革命营造高质量的政策环境和市场环境。

（二）特征

由制造业品质革命的定义和各国实践可知，制造业品质革命具有系统

---

① 本书中制造业品质革命研究的范畴重点聚焦与消费端直接接触的产品，包括手机等消费电子、新能源汽车、家电、服装等产业。高端机床、发动机、芯片等制造业中间产品不作为研究重点。

性、创新性、开放性和市场性四大特征。

1．系统性

制造业品质革命是一项系统工程。一方面，制造业品质革命立足产业发展的全局视角，不仅追求制造业的全面赶超，而且兼顾上、中、下游各环节的质量提升。如果过度强调某一环节的品质提升，其他环节或将难以等量匹配，从而造成整体品质提升受阻。另一方面，制造业品质革命涉及经济、政治、文化、社会、生态等多个领域，需要企业、消费者、政府、社会组织等各方的协作保障，任何一方的缺位都会影响制造业品质的全面提升。

2．创新性

综观各国制造业品质革命的实践经验，大多是通过创新实现品质提升的，如德国的工艺创新、美国的技术创新、日本的管理创新、韩国的设计创新等。如今，创新资源在更大范围内流动，制造业品质革命需要以更加开放的视野、更加主动的姿态融入更大的创新网络，利用新一代信息技术、制造技术实现产品高质量创新。

3．开放性

开放性意味着要充分考虑制造业跨国别、全球化的布局特征和发展经验，强化国际对标，以开放的视野链接全球资源。当今世界，产业链的外延不断扩展，任何一个国家都不可能将制造业的所有环节布局在一国之内，这就需要我国打通内外部资源、打造开放生态链，充分利用全球资源，提升制造业在技术创新、产品设计、生产制造、品牌培育方面的能力。

4．市场性

市场性表现在制造业品质革命不仅要发挥好政府的引导作用，而且要充分发挥企业的主体作用。企业是制造业做大做强的核心主体，数据表明，目前我国企业的分化现象越发明显，效益好的企业普遍具有比较高的质量水平，而效益差的企业一般质量水平比较低且同质化。推进品质革命必须让大多数的企业认同品质对自身发展的重要性，从而充分发挥企业的主观能动性，实现有效市场与有为政府的有机结合。

三、我国推进制造业品质革命的迫切性及重要性

（一）制造业品质革命是加快构建"双循环"新发展格局，实现高质量发展的战略选择

加快构建以国内大循环为主体、国内国际双循环相互促进的新发展格局，实现高质量发展，是"十四五"时期的重要任务。推动制造业品质革命，其最终目的不单单是实现我国从制造业大国转变成制造业强国，还在于通过供给侧结构性改革助力扩大内需，提升国际市场竞争水平，进一步增强国内大循环内生动力和可靠性，提升国际循环的质量和水平，推动经济实现质的有效提升和量的合理增长。就构建"双循环"新发展格局而言，通过推进中国制造业品质革命，能够大幅提升供给体系对国内需求的适配性，排解经济循环堵点和痛点，促进形成强大的国内市场。同时还能够改变过去那种"两头在外"、低附加值的出口模式，更多地参与国际分工中的高附加值环节。制造业作为实体经济的主体，能否提高中国制造的供给质量，直接决定了中国经济质量优势能否形成，决定了中国经济能否实现从高速增长转向高质量发展。

（二）制造业品质革命是推进新型工业化，实现中国式现代化和中华民族伟大复兴的产业基础

党的二十大报告指出，要坚持把发展经济的着力点放在实体经济上，推

进新型工业化，加快建设制造强国、质量强国。工业作为经济增长的主引擎，不仅是技术创新的主战场，也是建设制造强国、质量强国的重要支撑，因此推动制造业品质革命，巩固和提升制造业竞争优势，推动制造业向全球价值链中高端迈进尤为重要和迫切。我国虽然已是全球第一制造大国，但制造业大而不强的问题仍然突出，技术外部依赖、高端产品缺乏、国际品牌偏少等问题亟待解决，亟须通过一场品质革命实现中国制造从大到强的转变，为全面推进新型工业化，建设制造强国、质量强国，提供强大的物质基础、技术支撑和精神动力；为实现中国式现代化和中华民族伟大复兴，提供坚实的产业基础。

（三）制造业品质革命是提升产业链供应链韧性和安全水平，培育国际竞争新优势的必经之路

综观世界，发达国家的崛起都经历过制造业快速增长的历史时期，也无一例外地高度重视质量发展战略，强大的制造业质量竞争力使发达国家长期占据全球价值链高端环节。面对百年未有之大变局，全球产业结构进入新一轮调整与重塑期，制造业在未来较长一段时期仍是大国竞争的焦点。我国是全球第一大货物出口国，但在全球产业分工中仍处于产业链价值链的低端环节，主要表现为高端制造业产业链不完整、国际品牌和国际知名企业数量少、高端品质产品供给不足等。通过制造业品质革命，提升我国产业科技创新与应用水平，进而以高水平科技自立自强提升产业链供应链韧性和安全水平，可以实现我国产业链价值跃升，拓展我国制造业未来发展的广度和高度。

（四）制造业品质革命是深化供给侧结构性改革，更好满足人民日益增长的美好生活需要的根本保障

在人类社会发展历程中，每一次质量领域变革和创新都促进了生产技术进步、增进了人民生活品质。当前，随着我国社会经济的发展，人民对美好生活的需要日益增长，要求物质产品和精神产品的供给质量不断升级。制造

业的发展质量关系到社会生活的方方面面,健康食品、高端服饰、智能家居、精准医疗、绿色出行等都离不开制造业的质量升级。提升制造业质量竞争力将有助于深化供给侧结构性改革,进一步推进各行业增品种、提品质、创品牌,实现产品质量变革,提升人民生活品质,满足日益增长的个性化、多样化、高端化的消费需求,增强获得感、幸福感与安全感。

第二章
制造业品质革命的发生机理

一、制造业品质革命的理论基础

制造业品质革命涉及产业结构优化、产业技术创新、产品质量提升、国际品牌培育等多个方面，最终目标是实现对先发国家的赶超，其理论基础涵盖赶超理论、产业结构理论和质量理论。

（一）赶超理论

赶超理论（Forging Ahead Theory）起源于18—19世纪的欧洲。当时，英国工业发展处于绝对领先地位，其在国际贸易方面主张自由市场理论，即国家应尽量减少对经济活动的干预，充分发挥市场的自由竞争作用。而处于相对落后地位的德国则认为，自由竞争只会让自己沦为英国的初级产品供应国，不利于本国经济的发展壮大。基于此，德国经济学家弗里德里希·李斯特提出了赶超理论：面对英国的技术领先优势，要特别重视科技和教育在工业化发展中的重要作用，充分发挥德国政府"赶超协调人"的作用，通过深化科技、经济、政治等领域的体制改革来推动和保护本国工业发展。该理论对德国发展成为工业强国起到了巨大的推动作用。

赶超理论认为，创新和模仿是实现后发国家经济赶超先发国家的两个重要力量。创新是指知识的产生和使用，模仿是指外来知识的获取和使用，前者能够扩大先发国家与后发国家之间的技术和经济差距，而后者能够缩小这一差距，赶超正是在创新和模仿这两种力量的相互作用下达到均衡的过程。

（二）产业结构理论

产业结构指在社会再生产过程中，一个国家或地区的产业组成（资源）在产业间的配置状态。产业发展水平即各产业所占比重，产业间的技术经济联系即产业间相互依存、相互作用的方式。产业结构理论主要研究产业结构的变化趋势，研究对象主要包括产业结构本身，以及技术结构、产业布局、产业组织、产业链等多个要素。产业结构理论起源于17世纪，由弗朗斯瓦·魁奈和亚当·斯密的研究思想发展而来。弗朗斯瓦·魁奈在其"纯产品"学说的基础上提出了社会阶级结构的概念。亚当·斯密在《国富论》中提出，产业部门、产业发展、投资等应遵循农工批零商业的顺序。这两种研究是产业结构理论重要的思想来源。20世纪30—40年代，面对工业大衰退的现实困境，新西兰经济学家费夏首次提出关于"三次产业"的划分方法，产业结构理论逐渐形成，并经历了"雁形形态论"、克拉克法则、库兹涅茨产业结构论等发展阶段。其中，库兹涅茨在已有理论研究的基础上将产业结构重新划分为农业部门、工业部门和服务部门。20世纪50—60年代，产业结构理论快速发展，代表学说包括刘易斯的二元经济结构模型、赫希曼的不平衡增长模型、罗斯托的主导产业扩散效应理论和经济成长阶段理论、筱原三代平的动态比较优势理论等。

产业结构是否合理均衡决定了一个国家或地区的经济社会能否健康发展。只有与当时当地的生产力水平和市场发展水平相适应的产业结构，才能有效推动经济的平稳快速发展。一般来说，产业结构会随着经济发展不断调整变化，这种变化主要包括两个方面：一是纵向演进的高级化，即资源在产业间的配置状态、产业技术整体水平等发生有利于提升经济效益水平的结构性变化；二是横向演进的合理化，即将失衡的产业结构调整到合理和谐的发展状态。产业结构的高级化和合理化是一个相对概念，主要是结合本国或本地区的资源禀赋、科技水平、劳动力规模、国际关系等要素条件，以实现经济效益最优化为目标进行的结构调整。

（三）质量理论

国际标准ISO 9000:2000《质量管理体系要求》对质量的定义是"一组固有特性满足要求的程度"。其中，固有特性指产品本来就有的永久性特征，包括但不限于外观、性能、材质等；要求则指明示的或者通常隐含的需求或期望。质量理论发展至今已经历了四个阶段。第一阶段是 20 世纪之前的"操作者的质量控制"阶段，这一阶段的质量控制以工人的技能水平、工作经验和个人意愿等因素为主。第二阶段是 20 世纪初至 20 世纪 30 年代的质量检验阶段，这一阶段的质量控制以事后检验为主。20 世纪初，泰勒等提出科学管理理论，推动企业将产品质量检验从加工制造过程中剥离出来，通过层层把关、全数检验，防止不合格产品进入下一个制造环节。第三阶段是 20 世纪 30 年代至 60 年代的统计质量控制阶段，这一阶段利用统计手段和工具进行质量管理。美国数理统计学家休哈特首先提出将数理统计原理应用到企业质量管理过程，并发明了著名的 6σ 法。第四阶段是 20 世纪 60 年代以后的全面质量管理阶段，这一阶段的质量管理更加关注消费者的需求，更多新的工具和方法被运用到质量管理过程中，包括信息技术、数字技术、人工智能等。从质量理论的四个阶段来看，其发展主要以工具和方法论为核心。

经典的质量观主要有以下几个代表学派。

戴明的管理思想：戴明认为，质量低下的主要原因是管理水平低下，通过管理流程的改进可以提高生产率、降低生产成本、减少人为因素导致的质量不稳定。基于此，他提出 PDCA 循环[①]，也称戴明循环或戴明环，用于规范质量管理应遵循的工作流程。

朱兰的质量管理三部曲：朱兰认为，"质量就是适用性"（Fitness for Use），并提出了由质量计划、质量控制和质量改进构成的质量管理模式，即朱兰的质量管理三部曲。其中，质量计划指根据顾客需求制订质量目标并为之进行规划部署；质量控制指为了完成质量计划所采取的一系列管理活动，包括选择控制对象、检测产品性能、发现差异并改进等；质量改进指为了实现更高的质量目标对原有质量计划进行调整优化。产品质量在这三个过程的不断循环中螺旋式提高。

---

① P 是计划（Plan），D 是执行（Do），C 是检查（Check），A 是行动（Action）。PDCA 循环就是按这四个步骤进行质量管理的，并且不断循环、周而复始地运行。

克劳斯比的零缺陷思想：克劳斯比将质量定义为符合要求（Conformance to Requirements），认为产品但凡有不符合要求的地方就是质量有缺陷，必须在任务初始时让工人认识到质量的重要性，提高他们的质量认同感和工作责任意识。克劳斯比的零缺陷思想是一种预防性的质量管理理念。

费根堡姆的全面质量管理理念：费根堡姆提出，要用更加系统和全面的方法管理质量。他认为，应该在生产过程的早期就建立质量管理计划，并要求所有部门都参与质量管理，利用统计与维护措施进行全面质量管理。

二、制造业品质革命的发生路径

根据上述理论，技术创新、组织变革、消费升级、文化导向等因素对制造业品质革命的发生起到重要的推动作用。

（一）创新驱动：以"技术爆炸"带动产业跨越式发展

技术事关产品的功能和性能，是品质领先的保证。《三体》中关于现代技术的发展提到"技术爆炸"这一概念，是说文明为了生存，会在短暂的时间内完成跨越式发展。"技术爆炸"是一种技术范式的转移（Paradigm Shift），即在某一领域出现新的科学发现及技术成果，打破原有的假设或法则，从而使相关学科发生巨大的转变，进而带动产业变革。

制造业品质革命的本质是一种产业变革，技术创新是驱动其发生发展的根本动力引擎。熊彼特的创新理论认为，创新就是建立一种新的生产函数，把一种从来没有过的关于生产要素和生产条件的"新组合"引入生产体系。具体到制造业品质革命，通过新技术的发明、应用和扩散，逐渐形成新的生产要素组合方式、生产组织形式及与之相适应的经济社会制度体系等，最终形成新的占主导性地位的生产函数（品种、质量、效益和品牌），进而推动制造业实现跨越式发展。

例如，第二次世界大战后，半导体、集成电路、计算机、卫星通信等电子信息技术的发明和应用，带来产业技术路线的革命性变化和商业模式的突破性创新，进而形成信息技术驱动下的产业范式变迁、企业组织形态重构及消费方式变化。在此背景下，电子商务、工业互联网等新业态新模式快速发展，在产品研发设计、生产流程优化、品牌培育推广等方面赋予传统制造业新的活力，推动后发国家在国际竞争和国际分工中不断向产业链高端跃进。

（二）管理驱动：以组织变革引导和推动制造业品质革命

组织变革是指组织根据内外环境变化，及时对组织中的要素，如组织的管理理念、工作方式、组织结构、人员配备、组织文化及技术等进行调整、改进和革新的过程。具体到本书，组织变革指政府为了实现某一特定战略目标，从战略方针、政策法规、管理机制、基础设施、文化引导等方面进行调整、改进和革新。通过梳理主要国家的制造业品质革命过程，本书编写组发现，正是由于在技术创新、要素供给、生产组织等方面的组织变革，使德国、美国、日本、韩国等国家在制造业领域得到快速发展，实现后来居上。

组织变革对制造业品质革命的发生发展起到关键的推动作用。首先，组织变革是推动技术进步的深层动力。要充分释放技术进步对制造业品质革命的潜力，需要建立一套完整的社会—制度框架，包括专利制度、科技成果转化体系、鼓励创新的社会环境等，由此促进科学研究、技术进步与制造业的衔接。其次，组织变革能够为新技术的应用和扩散提供相匹配的要素支撑，包括人力、资金、财税、金融等生产要素，从而加快制造业品质革命的发展。最后，组织变革能够通过行业治理水平的提升、政策舆论的规范和引导，为制造业品质革命的发生发展营造良好的产业和社会发展环境。

例如，德国、美国、日本、韩国等国家在制造业品质革命的每个阶段，都积极、合理地通过组织变革来提升全社会的质量意识，鼓励和促进本国制造业品质的提升。一是制定合理有效的品质提升政策体系，并在不同的发展阶段适当调整相关政策，以期与不同追赶阶段的制造业发展水平相适应，抓住最佳的追赶机遇，帮助企业实现技术进步，掌握世界领先技术。二是强化政府对品质管理的领导力。建立以品质指标为核心的考核体系，加大品质相关的投入力度，以此激励各级政府将产业发展的重点真正放到品质提升方面。三是推进品质管理制度方面的改革。通过建立健全以竞争意识为核心的品质管理制度体系，激发企业的质量主体意识，真正发挥市场在推动制造业品质革命中的决定性作用。

（三）需求驱动：以消费需求倒逼制造业品质升级

马克思通过对资产阶级经济学抽象化研究方法的批判，确立了从抽象上升到具体的研究方法，并运用该方法揭示了"消费生产着生产"的规律，这一规律主要体现在两个方面。一方面，消费是生产价值的体现。一件产品只有被消费了才能与自然物品相区别，才能体现出它的生产价值和使用价值。例如，一件衣服由于穿的行为才现实地成为衣服。另一方面，消费能够创造出新的生产需求。没有需求，就没有生产，消费则是把需求再生产出来。例如，随着信息技术的快速发展，消费者对手机的功能需求不断增加，由此推动手机生产不断迭代创新。人类社会的生产活动包括生产、分配、交换、消费四个环节，生产是起点，消费是终点。但正如马克思所说，"消费这个不仅被看成终点而且被看成最后目的的结束行为"，"又会反过来作用于起点并重新引起整个过程"，消费需求推动生产活动循环往复，消费升级需求则推动生产活动不断推陈出新。

人类生产活动的目的就是满足其不断增长的各种消费需求。作为反映生产活动最终成果之一的制造业品质，也在为了不断满足这些需求而发展变化。例如，电子产品的更新迭代、新业态新模式的产生等，背后都是消费者不断增长的对时尚、便捷、高品质产品和服务的需求。消费经济学指出，随着人均收入的提高，需求的重点将逐步从低层次向高层次转移，从生活必需品向高档消费品乃至奢侈品转移，从易耗消费品向耐用消费品转移。因此，随着消费需求的不断变化和升级，制造业必然展开一场品质革命，不断推动产生新的产品和服务方式。

（四）文化驱动：以品质文化厚植制造业品质革命土壤

"文化"一词是从拉丁文"Culture"演化而来的，主要包含器物、制度和观念三个方面，具体包括语言、文字、习俗、思想、国力等。文化具有精神性、社会性、独特性、一致性等特征，体现了一定时期、一定范围内人类社会的行为规律与价值取向，在社会变革和进步中起到重要的引领和推动作用。文化既有对现行社会的支持与肯定，又有对现行社会的批判与否定。当旧的社会制度无法顺畅运转时，文化便会驱动建立新的社会制度和体制。例如，由意大利肇始的西方文艺复兴运动，以及随后由马丁·路德和加尔文等发起的宗教改革运动所倡导的先进文化，不仅推翻了基督教神学统治，还为资本主义的萌芽和诞生奠定了思想基础。

品质文化是在世界工业化进程背景下，以独特地域和民族文化为印记，以追求高品质为目标，在产品、工程质量实践活动中逐步积淀而成的管理理念、行为方式、知识技术、法律制度与道德规范、社会文化心理等因素的总和。品质文化所形成的社会文化环境，必然对生活于其中的人们产生同化作用，为他们认识、分析、处理问题提供大致相同的基本点。由此，品质革命便有了发生发展的"土壤"。

例如，在欧洲，品质文化与工匠文化、科技文化、企业家文化等交融汇合，形成了欧洲制造崛起的"土壤"；在日本，品质文化已经成为企业共识，将"顾客至上、全心为顾客提供优质产品"作为一种经营理念，使品质文化被员工广泛理解，并在此种理念的引导下制定质量方针，开展质量管理活动，推动制造业品质革命。

第三章
典型国家制造业品质革命的经验借鉴

CHAPTER 3

一、德国：精益制造的国家品牌战略

由于德国早期政治长期分裂及频繁的战争，其工业革命和现代化与英国、法国等老牌资本主义国家相比起步较晚。进入工业革命阶段后，德国确定了以制造业为立国之本的发展路线。从最初追赶英美的技术模仿，到如今靠质量和品质取胜、引导国际标准的"德国制造"模式，德国制造业的发展经历了从中低端向高端的转型历程，其可借鉴的经验如下。

（一）模仿学习：理论与实践相结合

科研与制造业融合发展。首先，德国开始简单模仿外国先进产品。德国工业化初期，科学研究与生产制造领域脱节严重，尽管当时的德国被称为世界科学中心，但成果转化率极低。产业界并不能将先进的科研成果运用于制造业，只能简单模仿英国的设计技术，制造大批质量低下的机床设备等产品，以至于英国在 1887 年修订了《商标法》，要求德国所有出口至英国本土和殖民地市场的产品必须注明"德国制造"，以便与英国制造的优质产品区分开来。其次，德国建立了科研与产业之间的联系。19 世纪 70 年代初，德国学习美国将基础研究与制造业融合的经验，逐渐重视工人技术与科研水平，提出理论与实践相结合的方针，建立科学理论与制造业实践之间的联系，成立现代手工业协会，系统化职业培训。在半个世纪内将世界一流的科学家队伍、工程师队伍和技术工人队伍相结合，并领导了第二次工业革命。最后，德国将理论与制造业融合发展。到 1914 年，凭借将先进理论应用于生产制造，德国完成了工业化进程，在新兴电子、化工、机械制造领域站稳脚跟，继而迅速发展成为仅次于美国的第二大制造业强国，成为先进制造业的成功典型。

建立多元化研产结合体系。德国以打造多元化研产结合体系为抓手，顺畅制造业科研成果商业化路径。一是重视高校创新成果转化。德国的应用科学大学占高等院校的一半以上，科研投入占国家研发投入的18%，政府大力支持高校研发与产业结合，由德国联邦教育与研究部、联邦经济技术部出资在高校和科研机构建立大量的科技园和技术孵化中心，以快速将研究成果转入制造业，并制定如"未来集群计划"等关联产业发展需求和高校科研供给的战略框架。二是以企业创新驱动制造业发展。一方面，企业与科研机构联系紧密。德国工业4.0战略的发起单位之一弗劳恩霍夫协会是欧洲最大的应用科学研究机构，其工业4.0应用中心每年有1/3的项目经费来自企业，这些经费用于解决企业提供的具体案例，整合对接产业资源。例如，该中心为通快集团提供的无纸化生产流程改造，可助力其在2030年前减排46%，在上下游价值链中减少非直接排放二氧化碳710万吨。另一方面，企业研发创新能力突出。世界知识产权组织2022年全球创新指数（GII）统计，德国在世界经济体创新能力及产出年度排名中位居第十，在全球企业研发和公司创新投资方面均领跑全球，同时制药和生物技术等前沿领域的三方专利在全球占有很大份额，是欧洲专利局的第二大专利申请国，仅次于美国。德国超过80%的研发支出发生在制造业，其中制造业企业的研发强度超10%，是德国制造业重要的应用创新主体。三是关注制造业相关技术的普适性推广。德国研产结合体系在进行单个产品研发的同时，对其中的共性研究进行普适性推广，引导企业实践。例如，德国联邦经济事务和能源部"欧洲共同利益重要项目"（IPCEI）框架中的重点资助计划之一、德国工业4.0的核心之一——云技术项目，是在解决部分企业难题后，针对目前企业普遍需求所提出的云技术推广和普及计划，旨在开发节能、高效、自动化和互联的云基础设施与服务，同时通过政府牵头广泛投资于欧洲云解决方案和云应用，将工业用户置于中心位置，在工业界重新掌握德国的数据主权。其中，联邦经济事务和能源部提供7.5亿欧元的资金支持，SAP、大众、西门子、施瓦茨集团、德国电信等各行业龙头企业共同参与，带动其他中小型企业，有力推广"德国制造"的云技术应用，并促进就业和经济增长。

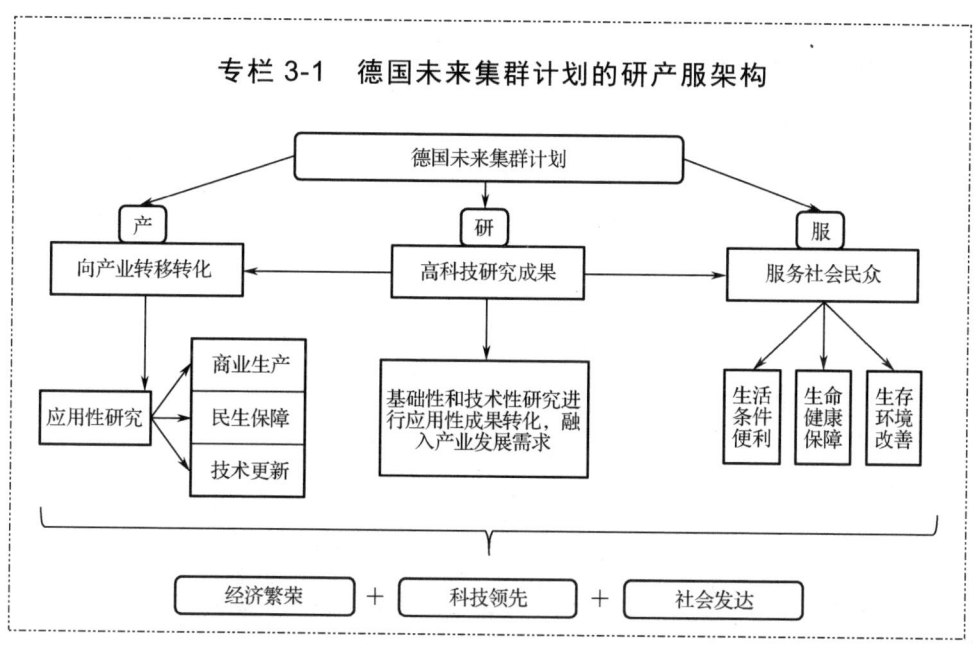

专栏 3-1　德国未来集群计划的研产服架构

根据世界局势变化部署顶层战略。以德国工业 4.0 为例，该战略是德国基于国内和国际产业发展情况做出的及时战略部署。德国汽车等传统制造业遭受电气化、智能化的冲击，出口占比持续下滑，经济增速有所放缓，外国投资对德国信心不足。德国工业化高度发达，但数字化基础设施建设在欧盟各国中的竞争力不足，且其两化融合发展进程与美国、日本、韩国及中国等制造业大国相比并未有明显优势，资源相对匮乏的短板进一步体现，企业研发支出下降近 10%，创新总预算占国内生产总值（Gross Domestic Product，GDP）比例萎缩，制约了德国的制造业和经济发展，对其制造业技术优势和国际市场份额等均造成负面影响。基于此，德国政府将工业 4.0 列为十大未来项目之一（在《德国 2020 高技术战略》中提出），期望通过加大国家支持投入，适度干预重点工业领域，打造德国或欧洲的龙头企业，扭转德国因失去关键技术能力而在全球经济中地位受损的局面，保持德国制造的全球性竞争力。

（二）统一标准：保障制造业安全可靠

标准化是德国制造业的重要战略工具，德国通过标准化推进制造业品质革命的策略具有以下特点。

注重顶层设计以保证标准的前瞻性和科学性。德国自第二次工业革命开始便形成了以机械制造业为主的产业结构。第一次世界大战的失败导致德国的国际专利成为战争赔偿，使其彻底丧失先前的技术优势，海外资产和市场被竞争对手接管。德国的地缘特点决定德国需要提高出口市场占有率和竞争力，1917年德国成立了当前主要的标准制定组织德国标准化协会（Deutsches Institut für Normung e.V., DIN）的前身——德国工业标准委员会，并于1918年3月发布德国首例工业标准。1920年起，德国制造业凭借劳动者精湛的技术优势，将本土制造业产品精细化、品质化，与美国制造业规模化生产带来的成本优势形成差异化发展。2013年起，德国通过工业4.0推广工厂标准化，基于信息物理系统（Cyber Physical System，CPS）实现新的制造方式，借助智能工厂的标准化将制造业生产模式推广到国际市场，以提高技术创新和模式创新的市场化效率，保证德国制造业的世界领先地位。德国标准有利于打造德国优质品牌，提高市场接受度，推动制造业的合理化，减少贸易壁垒，提高出口额，其已成为德国制造积极开拓国际市场的利器。

专栏 3-2　德国工业 4.0 代表性企业——博世集团

自2012年以来，博世担任工业4.0小组主席，致力于系统性地引领内部及外部客户工厂迈入工业4.0时代，旨在进一步推动德国政府高科技战略。在博世工厂中，超过12万台机器和超过25万台设备已实现互联。作为工业4.0领域的领先实践者和卓越供应商，博世不仅在内部工厂中测试这一现代化工业制造模式，还将成熟有效的解决方案推向市场。博世位于德国布莱夏赫、美国安德森，以及中国无锡和苏州的工厂作为工业4.0示范工厂，凭借创新理念屡获殊荣，还获评了世界经济论坛"灯塔工厂"。2020年底，博世位于德国斯图加特-费尔巴哈的工业4.0示范工厂启动了首个5G园区网络运营。博世所开展的项目带来了十分可观的经济效益：互联化解决方案让生产效率和机器可用性分别提高了25%和15%，并将维护成本降低了 25%。在 2021 年线上举办的汉诺威工业博览会上，博世展现了"工业 4.0 十周年"的发展脉络，以及灵活、互联、可持续并具备经济效益的"未来工厂"，首次展出支持 5G 网络的开放性控制平台及基于人工智能的能源管理平台，以帮助制造业实现气候中和。在过去十余年中，博世工业 4.0 业务销售额突破 40 亿欧元。

积极主导和影响国际标准以服务本国经济社会。德国标准化战略为保持德国制造业领先地位提供了保障，伴随德国经济与社会的发展和转型，配套的标准化战略始终遵循动态开放的原则，根据国家战略实际需求进行调整，产出了如《标准与规范创新计划（INS）》《德国工业 4.0 标准化路线图》《德国人工智能标准化路线图》等指引性文件。同时，德国积极争夺在欧盟和国际标准化组织中的主导地位，在国际三大标准化组织的秘书处中占有绝对优势，采取控制争夺型策略在国际前沿制定各领域标准，据统计，DIN 在承担国际标准化组织秘书处和资助额贡献率高达 19%，超过美国标准学会（15%），由德国主导制定的国际标准占比约 40%，位列世界第一。

专栏 3-3　2000 年后德国出台的制造业相关指引性文件

年份	产业战略	文件
2006	标准化	《标准与规范创新计划（INS）》
2009	标准化	《联邦政府标准化政策方案》
2013	工业 4.0	《德国工业 4.0 标准化路线图》
2016	能源转型	《能源存储标准化路线图》
2016	标准化	《德国标准化战略》
2017	标准化	《国际标准化研究 2030》
2018	人工智能	《德国人工智能标准化路线图》
2019	人工智能	《人工智能定位》
2020	科技转换	《通过专利和标准的知识和技术转换计划》

广泛收集合理意见建议以契合市场需求。德国标准化工作的顺利进行得益于德国政府部门、行业协会、社会组织及企业和个人的共同参与，所有主

体一起构筑了广泛参与的良好标准化建设生态。此外，通过工会、研究组织以及行业认证机构等，德国为行业提供帮助和保护，进行技术监督，实现制造业的标准化、安全性和可靠性。例如，由于早期疯牛病在欧洲广泛蔓延，对消费市场和养牛业造成了巨大打击，德国以风险评估与监管分离为原则，于 2002 年组建了风险评估机构，逐步建立了评估食品、原料、产品和加工工艺等潜在风险的德国联邦政府直属研究所，并与政治、经济及集团利益脱钩。又如，德国莱茵 TÜV 集团（TÜV Rheinland AG）的"蓝色三角标"已成为全球各大屏幕制造厂商和消费者共同认可的低蓝光护眼认证，该集团的品牌认证被视为经过公证测试的安全和质量标记。这类机构组织确定了产品和服务的可靠性，保障了制造业品质与消费者的利益，营造了有利于促进德国制造业高效、高品质发展的环境。

专栏 3-4　不同角色在推动标准化中的作用及职责定位

政府确定标准基本框架。德国政府部门与专家直接参与涉及社会秩序（公共卫生、劳动保护等）的标准的制定，在其余大多数产品和技术规格标准化过程中仅确定标准框架，同时给予政策和财政方面的支持。

行业协会直接参与标准制定。德国行业协会几乎覆盖所有行业，代表着对应行业利益。从标准形成生态角度来看，行业协会通过会议调查、专家调查等多样化方式灵活吸纳社会对现有标准的补充更新及建议意见，并代表本行业和会员进行标准的制修订工作。此外，行业协会定期召开新标准推广应用会议、培训等企业活动，以提高德国企业的国际竞争力。

企业是标准使用的主体。政府尚无规定德国企业的生产制造和服务必须使用德国标准化协会（DIN）标准，企业出于自愿执行，以规范化解决制造中的专业问题。德国企业可通过 DIN 等与其他国际标准化组织委员会建立联系，包括国际标准化组织、国际电工委员会、欧洲标准委员会、欧洲电信标准化协会、欧洲电工标准化委员会等，以此对国际标准的形成产生影响。

（三）交流推广：高质量打造"德国制造"

德国被誉为"世界展览王国"，其制造业品质革命的一个重要促进因素是积极对外国进行宣传推广，其中最主要交流渠道之一是定期举行的商品交易会和展览会。德国经济展览与博览会委员会（the Association of the German Trade Fair Industry，德语缩写为 AUMA）负责统筹管理和调控德国各会展行业主题的市场定位，有效避免重复办展和恶性竞争，规范市场秩序，保证会展的专业化水平。其每年大约策划举办 134 场国际国内商品交易会和展览会，会集约 5.5 万家参展商和 600 万名参观者。AUMA 的主要会员是德国经济的优秀团体、展商和采购商、展会搭建公司、德国展会组织人，以及实施国外参展计划的企业。

德国国内会展方面，60% 以上参展商来自海外，三分之一来自欧洲以外的国家，近九成为中小企业，约有 5.8 万家德国企业通过该平台进行营销沟通，其中 52% 来自加工业，其次是服务业（24%）和贸易业（20%）。国际会展方面，德国会展业秉承品牌化经营战略，形成一系列全球知名的国际品牌展会，如汉诺威消费电子、信息及通信博览会（Centrum der Büro-und Informationstechnik，CeBIT）、杜塞尔多夫国际服装及面料展览会（Collection Premiére Düsseldorf，CPD）和德国柏林国际电子消费品展览会（Internationale Funkausstellung Berlin，IFA）等。疫情期间，德国会展行业积极顺应时代发展变化，加快数字化转型，以线上虚拟会展、线上线下融合会展方式开设混合会展，混合会展参会人次环比增长 10 倍，推动了行业复苏。根据由德国国家旅游局（German National Tourist Board，GNTB）、德国会议促进局（German Convention Bureau，GCB）和欧洲活动中心协会（European Association of Event Centers，EVVC）共同编制发布的《2022/23 年德国会议与活动晴雨表》数据，约 20% 的公司已根据客户对供应链可持续发展这一因素的要求调整了战略定位，约 70% 的供应商已立足可持续发展调整了"制造+服务"组合。

德国会展行业大幅提高了参展品牌的国际影响力,并为参展商创造了透明的供需市场和最新的发展动力,为企业对企业(B2B)的沟通合作提供了重要途径,同时加强了国际社会对"德国制造"服务和产品的认知,密切了德国制造业创新生态转型、服务质量和经济循环间的相互联系,让海外客户能够在展会上与其潜在德国贸易伙伴会面,尤其令德国众多"隐形冠军"等中小企业在此类展览与交流的国际贸易平台中受益。展会每年可以为德国带动约 280 亿欧元的经济增长,保障约 23 万人的就业,增加政府税收约 45 亿欧元。此外,近千万人次的会奖(MICE)注册游客为扩大德国商务旅行市场提供了机遇,为带动德国的经济循环增添了动力。会展行业将德国商务旅行市场份额提高至 20%,是欧洲平均水平(11%)的近 2 倍。

专栏 3-5 德国主要的消费品工业相关展会简介

汉诺威消费电子、信息及通信博览会(CeBIT),源于 1947 年在德国汉诺威创立的汉诺威工业博览会(HANNOVER FAIR),是由德国汉诺威展览公司主办的规模巨大、具有世界影响力的国际展会,旨在向国际市场展示和输出德国 IT 领域的高科技品牌产品。CeBIT 于 1986 年从汉诺威工业博览会中分离出来,并吸引 2000 余家相关厂商参展,展会成绩十分亮眼。此后 30 余年来,CeBIT 呈现出影响力不断扩大的态势并逐渐独占本行业展会的领军地位。CeBIT 展品范围包括消费类电子产品,通信产品及配件,相关电子元器件及电子材料,太阳能等相关电子产品、配件及材料等。

杜塞尔多夫国际服装及面料展览会(CPD),由德国 IGEDO 公司主办,是世界上规模和影响最大的专业时装设计及成衣、原材料订单贸易交易展览会,是寻求大批量买家的非品牌厂商、贸易商和寻求生产订单的品牌制造商的贸易平台,被誉为"欧洲时装业的晴雨表"。每届展会展览总面积超过 20 万平方米,展品范围包括女装、男装、童装、内衣、面料、服饰等。展会分为 FASHN ROOMS 女装展区、HMD 男装展区、Global Fashion 国际展区等。CPD 具有时装订货功能,其定位是中高档时装参展商与买家、经销商之间的贸易平台。CPD一年举办两届，2月的展会主要展示当年秋冬季时装，8月的展会主要展示下一年度春夏时装。同时，CPD开展期间还举办数十场引领国际潮流趋势的品牌时装发布会和时装表演，方便参展商与买家、经销商及时获取市场信息。

德国柏林国际电子消费品展览会（IFA），由德国娱乐和通信电子工业协会、德国柏林国际展览公司联合主办，是目前世界上规模和影响力最大的消费类电子及家用电器产品展览会之一。该展会聚集世界各国消费类电子产品生产商和贸易商，是其展示新产品、新技术最主要的平台，也是经销商采购消费类电子产品的主要渠道之一。主要展品包括家庭娱乐设备、音响娱乐设备、个人媒体设备、公共媒体设备、通信装置、技术和零配件、家用电器、厨房设备、智能家居等。展会特色专区包括智能手机及平板配件专区（iZone）、电子书及相关行业的电子实验室（eLibrary）展示平台。

（四）双轨教育：适配多样性人才需求

德国双轨制教育始于1872年颁布的《普鲁士国民学校和中间学校的一般规定》。这种由校、企、政三方协力打造课堂与工厂同步、理论与实践融合的创新教育模式，实现了基础科学和工程技术两类制造业关键人才的同步培养，是早年间帮助德国摆脱劣质标签的重要力量。根据经济合作与发展组织（Organization for Economic Co-operation and Development，OECD）的统计，德国年轻人接受职业教育的比例约为80%，其中大学毕业生仅占20.6%。德国双轨教育体系特色鲜明，专业设置完善齐全，涵盖大多数行业的职业岗位。一是针对产业变化调整，由位居市场一线的各大企业把脉，职业资格标准、课程开发根据"职业资格早期检测监测系统"和经济部颁布的《国家承认的职业培训》确定名称及数量，以产业为导向进行监控，确保培养对口劳动市场需求的技术人才。二是实行校企合作，学生与企业签订职业培训合同方可由职校培养学习，合理制定在校学习理论知识与在企接受实践的时间安排，且学生的学习内容由校企双方共同规划，由职业学校筛选师资，确保向学生提供紧跟时代、系统化的理论教育。三是培养学生的实践能力，学生在校学习和参与企业实践的时间分配为 1∶2，学生实时在企业运营的一线，倒逼从事理论教学的教师也做到与时俱进，传授符合当下需求的产业前沿相关知识。最终，完成双轨教育的年轻人得到工作，企业得到"量身定做"的专业人才，劳动力市场进入良性循环。

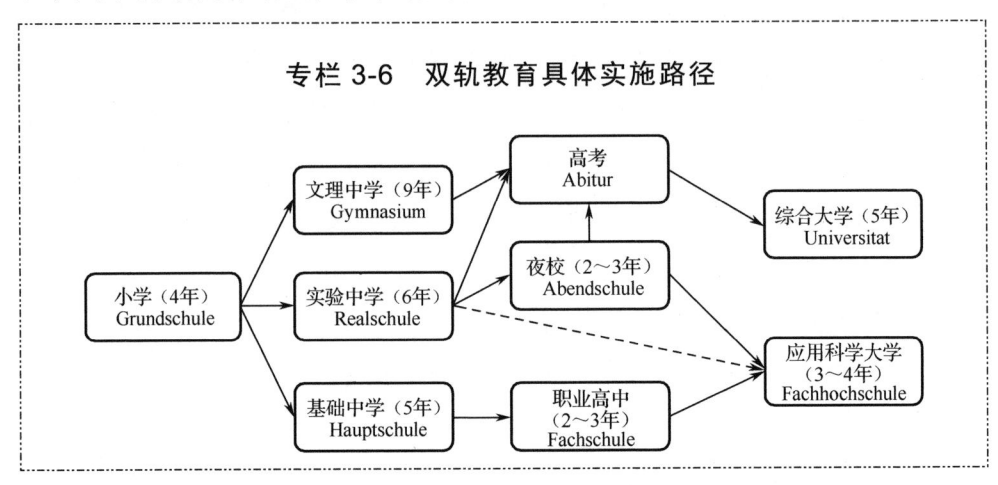

专栏 3-6　双轨教育具体实施路径

```
                    ┌─ 文理中学（9年）─→ 高考 ─────→ 综合大学（5年）
                    │   Gymnasium        Abitur       Universitat
小学（4年）─┬──── 实验中学（6年）─→ 夜校（2~3年）
Grundschule │      Realschule         Abendschule
            │                                   ↘
            └──── 基础中学（5年）─→ 职业高中 ──→ 应用科学大学
                   Hauptschule       （2~3年）      （3~4年）
                                     Fachschule     Fachhochschule
```

二、美国：构建创新驱动的制造体系

美国工业化于 19 世纪 30 年代起步，1894 年其工业生产总值超过英国跃居世界首位；1987 年日本人均生产总值超过美国。其后美国又经过一系列的创新，自 1993 年以来，美国国家竞争力排名始终保持世界第一。

（一）政策创新：出台一系列延续性法规

创建以保护消费者权益为核心的消费端法治环境。1899 年，美国成立全国性消费者组织。1914 年，美国设立第一个保护消费者权益的政府机构，强调制造业要以消费者权益为核心。1962 年，美国发表《关于保护消费者利益》的国情咨文，重点要求所有制造业产品务必符合消费者基本权利。

创建以产品质量为关键的企业端法治环境。面对日本强势发展的冲击，

1983 年，美国里根政府提出《国家生产力与技术革命法案》，以促进工业企业加速技术开发，提供发展高科技的风险资本、教育和培训工人，并设立了"产业竞争委员会"。1987 年，里根政府签署《质量振兴法案》，批准设立马尔科姆·鲍德里奇国家质量奖，以提高美国产品的质量，激励美国企业为荣誉和成就而战。2002 年，布什政府签署《企业改革法案》，让企业更注重产品质量，对诈骗行为加重处罚。

创建以发展先进制造为焦点的国家战略及产业政策。自 2009 年，奥巴马政府先后发布《重振美国制造业框架》《先进制造业国家战略计划》等国家战略和政策法规文件，以推动制造业复兴，其中包括加强制造领域研发和基础建设投入、扩大制造流程创新等，使美国公司提高产品质量、削减生产成本、加快产品开发的促进先进制造业质量发展的指导意见。2017 年，特朗普政府签署《减税和就业法案》，以减少税收，促进制造业重新迁回美国本土。2022 年，拜登政府先后签署《关键和新兴技术清单》《美国为制造业创造机会、卓越技术和经济实力法案》《先进制造业国家战略》，以识别重要产品的供应链中存在的关键弱点，制定相应战略攻克薄弱环节，保持长期稳定增长。

专栏 3-7　美国生物医药政策

产业发展战略方面，为营造良好的政策环境，美国积极实施生物医药产业发展战略计划，出台《州政府生物技术议案》，阐述生物技术工业发展战略。为医药研究机构、企业和组织利用政府资源提供保障，各州政府制定本州生物医药产业的近期和远期目标。

产业技术促进方面，美国政府通过政策引导在各州设有生物技术专家库，用于指导生物政策的调整，解决企业技术、管理问题，做好企业和政府之间的沟通工作。通过员工发展计划来培育生物医药人才队伍，如《田纳西州生物技术发展战略计划》中的人才培训计划。

产业技术保护方面，美国政府通过制定法律强化合作研究、鼓励技术创新和转移。目前，美国形成对知识产权、技术创新和转移的法律保护体系，如《专利法》《合作研究法》《联邦技术转移法》《商标法》等，极大地保障了基础研发的应得利益，维持了药企开发新药的创新动力。美国食品药品监督管理局出台了延长药品专利期、加速药品审批的法案，取消了生物技术制造厂申请特别许可证的规定，放宽了对转基因产品的限制等。

（二）生产创新：优化技术提升产品质量和设计

科技创新政策支撑技术转化。作为技术密集型的生物制造产业，其技术创新转化需要得到专利保护，专利技术是产业链的关键要素。以同样技术密集型的半导体产业为例，美国针对半导体专利技术，平均研发投资超过20万美元，研发支出占销售的17%左右，远远超过英国、德国、日本、韩国等国家，技术研发成果在专利保护下转化生产，带动整个国家经济的快速发展。

数字化应用为生产技术赋能。建立国家数字化平台，创建制造业创新网络，着力聚焦区域制造中心。协同整个制造行业创建协作环境，为中小型企业提供一个安全港湾，来共同参与构建制造业生态系统。同时，为减少企业转型压力，一方面，启动大规模税改，增强数字化转型发展能力，使企业能够有更多的精力、资金投入数字化转型的各类需求中；另一方面，广泛应用区块链等数字化技术，如用区块链改善供应链管理和物流流程。

长期连续的产品研发资金支持。美国联邦政府主要通过直接和间接两种方式为研发活动提供资金支持。直接资金支持是直接拨备资金，支持重点是技术创新，包括基础技术、应用技术和实验验证三个部分。其中，对基础技术研发的支持时间最长、力度最大。以美国科学基金会为例，根据公开数据，2000年至2020年，该基金会对新一代信息通信技术的研发支持增长近3倍。间接资金支持是通过贷款等方式向企业提供资金支持，主要针对具有技术潜力的中小企业。如美国能源部的贷款项目办公室就通过实施贷款担保、直接贷款等方式支持系列技术创新项目。

专栏 3-8　美国科技创新政策

1980 年，颁布《拜杜法案》，重点内容为：使私人部门可享有联邦资助的专利权成为可能；为政府、科研机构、产业界三方合作，共同致力于政府资助研发成果的商业运用提供制度激励。

1980 年，颁布《史蒂文斯-怀特技术创新法》，重点内容为：联邦实验室努力将政府拥有的技术向地方政府、企业转移；政府研发预算中技术转移费用要占据一定比例。

1980 年，颁布《贝耶-多尔大学及小企业专利法》，重点内容为：允许大学、企业保留其承担的政府资助的项目知识产权；允许对这些专利进行专利许可和转让。

1982 年，颁布《小企业创新发展法》，重点内容为：建立企业创新研究计划；资助企业内有潜力的项目；企业可拥有政府资助研发项目的专利权。

1984 年，颁布《国家合作研究法》，重点内容为：通过"合理原则"来评估合作研发对社会的影响；有条件地降低处罚。

1986 年，颁布《联邦技术转移法》，重点内容为：授予联邦实验室技术转移联盟特许权，并为技术转移活动提供资助；在政府不申请专利的条件下，科研完成人可以申请并拥有科研成果的专利权。

1988 年，颁布《综合贸易与竞争力法》，重点内容为：建立先进技术计划和地方制造技术转移中心。

1989 年，颁布《国家竞争力技术转移法》，重点内容为：允许政府所有、委托运行的实验室参与合作研究与开发协议（CRADA）。

1991 年，颁布《技术管理授权法》，重点内容为：修订 1980 年的《史蒂文森-怀德勒技术创新法》，解散联邦实验室技术转让联盟。

1991 年，颁布《美国技术卓越法》，重点内容为：授权拨款给国家标准与技术研究所和商务部技术管理局,以及用于其他目的。

1992 年,颁布《小企业技术转移法》,重点内容为:部分政府机构资助小企业与非营利研究机构在项目上进行合作;小企业可拥有政府资助项目研发成果的专利权,加强小企业研究与发展。

1993 年,颁布《国家合作研究与生产法》,重点内容为:允许企业在生产活动中进行合作。

2000 年,颁布《技术转移商业化法》,重点内容为:政府在一定条件下可就其拥有的发明进行一定比例的许可;优先将政府机构的科研成果许可给小企业,简化转化程序。

2007 年,颁布《美国竞争法》,重点内容为:确保人才培养和促进国家创新与竞争力的立法程序。

2016 年,颁布《美国创新与竞争力法》,重点内容为:扩大基础研究影响、减轻联邦资助项目行政管理负担;加强科学、技术、工程、数学(STEM)教育;撬动私营部门创新、制造业创新、加速技术转移与商业化主题。

2022 年,颁布《美国创造制造业机会和技术卓越与经济实力法》,重点内容为:培养未来竞争所需教师;国家实验室向教育开放;外语教育贯穿教育体系;奖学金计划侧重科研领域;预示美国教改方向。

2023 年,发布《美国国家创新路径》报告,重点内容为:扩大美国转型所需技术部署及研究,以实现美国不迟于 2035 年实现电力领域零碳排;示范和支持早期部署新兴技术,利用法规和财政激励措施,加速制造、部署和采用目前可用的技术。

(三)人才创新:重点培育质量管理型人才

国家营造重视质量管理的氛围。美国是最早普及质量管理技术的国家。

在第二次世界大战期间，美国就以控制图工具为基础，在军工企业开展统计质量控制培训。战后，一些咨询机构及美国管理协会、美国质量控制协会等组织继续授课。1966年，美国实行质量工程师的考试制度，在世界上首次建立了质量工程师制度，之后又陆续建立了质量经理、质量检验员等七类质量职业的考核注册制度。2011年，美国质量协会的薪酬调查显示，包括首席质量官、质量工程师在内的23个质量职位的平均收入高于企业管理和技术职位的一般水平。

高校重视对质量人才的培养。美国高校建立了质量相关课程和专业。据统计，1994年，美国206所大专院校中拥有与质量相关的学士、硕士、博士学位的院校已分别占到23%、34%、13%。如今，美国有40多所大学在制造专业下授予各种质量工程学位，20多所大学授予质量管理专业的学位。

打造质量创新中心，以此为承载培育质量相关人才。制定实施先进制造技术的劳动力培育课程、教材、计划，开展教育培训活动是美国制造业创新中心的重要职责，一些创新中心结合各自技术开发了颇具特色的培训课程，以吸引广大学生、教师甚至退伍军人。例如，据美国政府问责办公室的统计，7年来累计有20万名学生参加了由各创新中心主办或组织的教育项目，超过7500名学生完成了相关创新中心的学徒或培训计划，并获得了由创新中心颁发的认证证书。此外，还有2000余名教师或培训师参与了相关培训项目。

三、日本：注重精细化设计和高效的供应链管理

（一）优化设计：多种方式促进企业间协同制造

通过"下包制"方式，大企业带动配套中小企业发展。"下包制"是不同规模企业间专业化分工普遍采用的组织形式，大型企业雇用中小型企业，委托生产大企业所需要的产品（包括零部件、完成品等）和生产设备、器具。

"下包制"拉动了日本的国内经济增长,提升了产业结构高度,促进企业向集团化转变。以"下包制"代表企业丰田为例,其约80%的零部件是由分包协作企业生产供应的。在一个由成百上千家企业共同合作完成的产品生产过程中,企业之间良好协调的合作关系形成了。

采用"母-子工厂制"生产方式,"母工厂"负责研发,"子工厂"重在制造。坚持"研发在本土,最先进的工厂也留在本土",形成"研发-制造"策略。尽管日本企业在东南亚各地不断投资建厂,但在国内的"母工厂"仍然是企业的核心节点,在技术和产品研发方面具有主导权。如富士电机通过变换器自动组装技术,实现了产品加工费的削减和产品品质的提升,并将这一技术推广到海外"子工厂",而生产中采用的自动化装置则属于核心技术,仅在日本三重县的铃鹿工厂应用。

企业间形成高质、高效、低成本的准时制生产方式。准时制生产方式(Just In Time,JIT),又称无库存生产方式,指将合适数量的所需配件在恰当的时间送到生产线。这适应了消费需求多样化、个性化特征,从而建立起一种生产体系及为其服务的物流体系。以丰田的准时制生产模式为例,其运作模式如下:根据客户订单制订生产计划,从供应商那里及时获得所需原材料,在生产过程中只生产所需数量的产品,避免库存积压。

(二)精细化管理:深耕细分领域,占领产业链关键环节

转变理念推进关键环节精细化管理。一方面,需要企业领导高度重视,从思想认识上完全转变对企业管理的传统思维模式,这是因为他们既是推进精细化管理的策划者,又是落实精细化管理的执行者和实施者。另一方面,全体员工观念的转变是推进精细化管理的内在动力。实施精细化管理是一个全员参与的过程,只有每位员工都转变观念,以精细化的理念参与精细化管理,精细化管理才能落到实处,发挥出成效。

制度化、标准化保证精细化管理实施。将生产现场中的人员、机器、材

料、方法等生产要素进行有效管理，对企业每位员工的日常工作提出要求，从而达到提高整体工作质量的目的。强化整理、整顿，将工作场所内的所有物品都区分为"必要"与"不必要"两种，并把不必要的物品清除，将必要的物品合理放置，使处于备用的状态，最大化减少寻找时间。强化清扫、清洁，通过清扫保持清洁，将整理、整顿进行到底，制定并规范行动标准。强化素养保证安全，对于规定了的事情，员工都按要求执行，并养成合理维护正确程序的习惯，打造每个人都能安心工作的工作环境。

专栏 3-9　日本 6S 现代企业管理模式

1. 整理（Seiri）：处置不必要的物品，这是 6S 的第一步。具体是深度检查，制定物品处置标准，清理不必要的物品，同时上下班自我检查。

2. 整顿（Seiton）：将必要的物品合理放置、加以标识，使其处于便于使用的状态。整顿是杜绝浪费的开始、高效率的基础。要整顿成即使新人也能立即找出所需东西的状态，使用后要恢复原位。

3. 清扫（Seiso）：清扫工作环境中所有物品，保证机器等运转良好，及时修理故障物品。

4. 清洁（Seiketsu）：持续进行整理、整顿、清扫活动，花时间改掉坏习惯及眼不见为净的工作态度，每天保持良好心情，不断改善办公条件。

5. 素养（Shitsuke）：让员工遵守规章制度，培养良好素质习惯的人才，铸造团队精神。向每位员工灌输遵守规章制度、工作纪律的理念，培养责任感，强调创造一个良好风气的工作场所的意义。

6. 安全（Safety）：塑造安定感，培养危险预知的能力。建立系统的安全管理机制，重视员工的培训教育，实行现场巡视，排除隐患，创造有序、安全的作业环境。

关注细节，持续改进，精益生产。日本企业重视细节，从设计、生产到包装和服务，每个环节都力求精致，这种对细节的关注使日本产品质量高、

性能可靠。采用持续改进方法，每位员工都在日常工作中不断寻求改进的机会，从而提高工作效率、降低成本并提升产品质量。通过精益生产方法优化生产流程，消除浪费，提高生产效率，已成为全球制造业的共识。

专栏 3-10　日本汉方药发展模式

在质量标准方面，早在 1974 年，日本就制定了《药品生产质量管理规范》，在 1989 年出台了《汉方药品生产质量管理规范》，严格按标准生产汉方药制剂。一是药用植物的种植，尽量不使用化肥和农药，确保重金属含量不超标。二是在药用植物生长过程中注重对有效成分含量的追踪，保证原料药质量稳定。三是汉方药制剂中所有原料必须经现代医学成分鉴定，无法医学鉴定的制剂需提供充分的临床实验证据。四是提出了"标准汤剂"的概念，要求制定"标准汤剂"的化学基准与生物学基准，"标准汤剂"的工艺对生药选择、粉碎细度、升温速度、提取次数、浓缩方式、干燥方法等都有详细规定。

在药品研发方面，政府、教育科研机构和药企都重视研发，目前已形成由医学类大学、汉方药企业、研究机构等组成的研发体系。一是重视人才培养，日本有 80 余所大学开设了汉方医学课程，培养了 3 万多名汉方药研究人员。二是特设机构，成立中医药研究所，针对社会举办汉方药培训班。三是投入大量资金，近十年日本汉方药品平均研发费用年增长率超过 10%。

在生产管理方面，主要有厂家集中生产、汉方剂型集中、汉方品种集中三大特点。一是厂家集中生产管理汉方药，如津村制药会社占据销售额的八成。二是集中在以颗粒剂为主的剂型，发挥颗粒剂易吸收、起效快的优势，减少其他剂型工艺繁杂、活性成分较低的不足。三是集中生产 10 种制剂，日本汉方药制剂集中于"七汤二散一丸"制剂，占医疗用汉方药生产总额的九成以上。

（三）国际布局：积极建立产业链国际合作网络

形成本土研发型产品与海外生产组装型产品并存的产业布局。把具有研发优势的产品留在日本本土，而将不具技术优势的产品转移至其他国家生产。日本制造业因劳动力成本较高，不适合生产组装型产品，而适合生产研发程度高的产品，因此日本抓住研发程度高的产品来发展本国制造业。

保留高附加值，转移低附加值生产要素。日本将低附加值生产环节转移至海外，把高附加值生产环节牢牢保留在本土，在全球范围内配置劳动力、土地等生产要素。把劳动密集型低端生产环节，转移至劳动力廉价的发展中国家，以满足市场需求。

弥补基础研发薄弱环节。与在亚洲的投资目的不同，日本在欧美等发达国家投资的主要目的是得到欧美的生产研发技术。日本企业在生产研发上相对于欧美等国仍较为落后，为此企业通过在欧美等国设立研发中心来获取这些国家的新技术，进而提高整个制造业的生产技术水平。

四、韩国：融合文化时尚元素

韩国制造业通过融合文化时尚元素，把"韩流"文化传播到全球，促使其制造业产品全球化，进而成为制造强国。

（一）文化立国：通过影视剧等强化对外文化输出

创新影视文化贸易机制。韩国影视剧在韩国文化贸易中占据主导地位。拍摄一部韩剧要做很多工作，仅市场调查就很费时，调查后根据市场编写剧本。收视率低的作品会被叫停，避免资源浪费。韩国影视剧的类型和题材丰富，角色设计上做到创新，细节上做到极致。

韩国影视文化贸易的政府支持机制。为推动影视文化贸易的发展，提高文化产业的国际竞争力，韩国政府在资金、人才、生产经营等方面出台了对韩国影视文化贸易的扶持政策。为提高韩国影视文化的国际地位，韩国将"文化兴国"作为传播战略，并调整机构职能，以加大对影视文化产业的支持。

打造韩国影视文化贸易的营销机制。在韩剧中精心植入高端赞助商品牌，一方面，促进了对企业的宣传；另一方面，不直接展现品牌的方式也具有非常好的宣传效果，营造了寻找品牌的氛围。

专栏 3-11　韩国化妆品发展模式

在政策方面提供保障。韩国食药局推出连续性政策，一是对化妆品种类做出差异化定义，针对天然化妆品形成认证制度。二是设立化妆品行业标准，明确化妆品管理机构。三是引进化妆品认证制度和新技术，鼓励使用天然原料，设立执行的具体时间节点。

在研发方面持续强化。一是与医学高校协作研发，如韩国化妆品龙头企业太平洋集团，与庆熙大学韩医学院合作，开发了"雪花秀"等化妆品牌。二是与高端技术中心联合生产，如娜德丽（NADREE）公司通过与江原道定山郡农业技术中心合作，成为韩国拥有最佳信誉度的品牌。三是与原料基地强化合作，如师任堂化妆品以堤川地区的纯天然药材为原材料，赢得了消费者的信任和肯定。

在品牌方面凸显民族特色。一是与韩国传统诗句结合，高丽著名文人李奎报在《梅花》一诗中有"玉肌尚有清香在"的名句，用梅花比喻美人，"雪花秀"化妆品采用梅花为品牌代表图案，意指追求卓然姿色。二是融入代表韩国的植物、乐器等元素，在韩国，南瓜花比喻长相普通的女人，"后"比喻皇后。"Whoo后"品牌选择南瓜花为品牌代表图案，意指为每一个普通女人成为现代"皇后"而研制。

在宣传方面注重多渠道。一是借助影视作品的影响进行宣传，如在韩剧《师任堂：光的日记》中出现了"Whoo 后"品牌，使该品牌产品销售火爆。二是举办文化庆典活动，如大邱药令每年举办医药庆典活动，还举办中草药制造香皂、天然香雾及天然唇膏等体验活动。三是通过官方平台进行推荐，如韩国旅游发展局将雪花秀旗舰店标注为"韩国必去的 25 大养生旅游胜地"，将化妆品营销融入旅游业，提升品牌的国际知名度。

（二）产业聚焦：发展时尚服装等重点产业链集群

聚焦服装发展，给予资金支持。韩国政府设立一系列奖励和项目计划，为时装设计师和品牌提供财政支持，鼓励支持创意和品牌发展。比如 2024 年，韩国产业通商资源部提供 207 亿韩元用于支持数字化和环保转型以及增强产业竞争力，其中就包括"提高纺织时尚技术和建立时尚产业知识库"项目。

数字化赋能，完善服装产业配套。积极培育纺织服装智能制造能力，推进服装制造的智能化、自动化，推动行业的创新与发展，完善服装产业集群。例如，韩国东大门 100 家店铺集合店 TTHOLIC 与数字化服务商 LinkieBuy 达成合作，LinkieBuy 为 TTHOLIC 提供多平台线上店铺搭建、跨境电商物流仓储服务等便利，形成流通闭环。

以需求为导向，鼓励开拓国内外市场。韩国政府鼓励时装设计师和品牌进军海内外市场，提供开拓市场的政策支持。韩国政府开办本土时装周、提供样衣制造支援等活动，为设计师和品牌提供展示和推广的机会。此外，鼓励韩国品牌积极参与巴黎时装周、纽约时装周等国际时装展览活动，提高韩国时装产业在国际上的知名度和影响力。

（三）人才培养：营造多样化引才用才社会环境

政府出台法律制度营造良好社会环境。在政策方面，韩国出台了《工程技术人员晋升法》《技术开发促进法》《科技成就法》等法律，从政府政策上完善人才建设。在服务方面，提供稳定优质的生活和工作条件，如国家与地方政府引进外国基础教育机构，提供基础教育服务。

灵活多样的吸引人才方式。在设立机构方面，韩国政府通过建立国际科学中心，为人才营造舒适的科研环境。在美国、欧洲、日本等地组织韩国科学家成立工程师专业协会，以提供大力资助和支持，同时每年召开研讨会，用于吸引海外高层次人才归国。在身份归属方面，修订《国籍法》，实施双重国籍政策。重视吸引韩裔群体，颁布有关优待外国国籍韩国科技人才的规定，出台"临时回归计划""长期回国计划"等人才引进计划。

建立人才信息库，精细化培养人才。在人才集聚方面，建立海内外高层次人才网络信息库，国内人才市场可从中迅速锁定高层次人才。在人才培养方面，专门成立"文化产业人才培养委员会"，积极制订文化产业人才培养计划，在各高等院校设立相关影视、游戏专业来培养高素质专业人才，并利用网络和其他教育机构进行人才培养。

专栏 3-12　韩国对外国人才的签证政策

1. 国籍方面：2011 年起，实施双重国籍政策。外国人才达到博士学位并有一定收入的，在教育、文化、体育等领域有突出贡献的，在韩两年后允许入籍，并可拥有双重国籍。

2. 学术人才：在韩五年以上、有一定收入的外国人，通过韩语考试后，可申请永久或居住签证。大学教授、高端技术人员，可取得最长五年的签证。

3. 特定领域人才：高端技术专业领域的优秀者、受法务部长官认可的外国人，可以申请永久签证。

4. 人才评分制：针对从事专业领域的外国人，按照基本条件评分，通过后可以申请变更居住签证，三年后可申请永久签证。

5. 知名企业高校人才：世界 500 强企业工作者、世界前 200 名大学的毕业生,单独给 6 个月至 2 年的求职时间。

6. 普通技术人才:为使外国熟练技术工人继续留在韩国,在制造业、建筑业等行业工作四年以上,取得从事领域有关资格证者可申请就业签证。

五、以色列:塑造政学资企协同的创新生态

以色列土地贫瘠、水源缺乏,人口不足 1000 万,但创新企业人均拥有量却高居世界第一,被称为"中东硅谷""芯片王国""创业国度"。以色列政学资企互相促进,坚持以创新为发展驱动,从决策端调整最适合国情的制造业发展方向,从产业端反哺市场需求、辅助顶层设计。

(一)扬长避短:发展优势产业

碍于贫瘠的环境资源,以色列选择大力发展高附加值产业。一是优先发展高科技知识密集型制造业。1973 年,以色列政府决定予以 50%投资额资助电子工业、精密化学等以科技为基础的工业部门,且有税收减免等优惠政策。1985 年,以色列工业、贸易和劳动部(工贸部)颁布《鼓励工业科研法》,通过对工业企业实行贷款优惠政策,推动科研成果发展为高科技产品。1995 年,以色列研发投入占 GDP 的 2.2%,高科技产品产值达以色列工业生产总值的一半以上。1998 年,以色列工贸部拟定高达 10 亿美元的研发基金预算,助力高科技产业发展。目前,以色列在通信、信息、计算机、高端装备、半导体、芯片、环保、可再生能源、生物医药、医疗器械等创新产业上仍保持世界领先地位。如今,根据对有望主导改变世界格局和经济趋势的战略技术设计,以色列创新局(Israel Innovation Authority,IIA)确定了量子技术、人工智能、生物融合三大类颠覆性技术的前沿领域。以生物融合领域为例,以色列生物技术相关产业综合实力引领全球,以信息技术、纳米技术、生物技术等跨学科交叉融合为特色。自确定生物融合是以色列高科技产业经

济的下一个增长引擎以来，以色列创新局打破传统"自下而上"的战略投资方式，为生物融合产业积极争取实体合作，提供近 4000 万美元的投资预算，通过孵化器项目、国际合作协议、研发激励项目等形成具有竞争力的创新生态系统。在以色列生物融合产业中，生物制药和医疗器械份额达七成以上，生物信息产品和疾病诊断技术份额达两成以上。2021 年，以色列高科技研发投入占国民生产总值（Gross National Product，GNP）的比重高达 4.5%，居全球首位。

二是不断优化产业结构，淘汰劣势制造业。自 1948 年以色列建国以来，政府持续主导产业结构的优化调整。从 20 世纪 60 年代末开始，以色列的工业生产不仅能够满足国内市场需求，还可以大量出口海外市场。20 世纪 70 年代起，以色列产业结构重心逐渐从第一、第二产业向第三产业倾斜，工业体系逐渐由轻工业向重工业转化。根据以色列银行 1989 年的年度报告，在 20 世纪 80 年代末，以色列第三产业就业人数占全国就业人数的 50%，产值占国内净产值的 60%。由于存在本土原料匮乏、劳动成本高、竞争力欠缺等问题，20 世纪 90 年代以色列政府将产业结构发展重点定为逐步鼓励科技含量和附加值低的传统制造业外迁至约旦，特别是纺织、服装等劳动密集型产业。该类企业利用约旦的低廉劳动力可降低近九成的人工成本，但是资本、技术、材料、管理均出于以色列，大部分利润仍归以色列所有。1998 年，以色列国会将自由贸易协定适用范围拓展至约旦北部伊尔比德的以约合资企业，助力其外迁产业商品顺利打开美国市场。这一系列举措成功扭转了以色列传统制造业的劣势局面。

三是用技术服务促进制造业发展。近年来，以色列工业增加值占 GDP 比重呈下降趋势，服务业增加值占 GDP 比重不断提高。据世界银行统计数据，2022 年以色列第三产业占 GDP 比重约为 70%，且以高科技服务业为主。以色列半导体行业存在以芯片设计为主、多为中小企业、没有本土巨头的特点，该行业贡献了以色列高科技产品出口的 16%。以色列拥有全球约 8% 的芯片设计人才和研发公司，其半导体市场份额前五位分别为存储、电源管理

IC（Power Management IC，PMIC）、逻辑芯片、OSD（On Screen Display）及模拟芯片，在数据处理、通信、工业、消费电子和自动驾驶的下游应用市场的收入稳定增长。在技术有所突破后，技术服务公司选择与行业巨头合作或售卖技术。据 2021 年 IVC 研究中心数据，已有 37 家跨国公司在以色列开展半导体业务，包括英特尔、高通、苹果、华为等大型企业。1974 年，英特尔在以色列开设了其在美国以外的第一个芯片研发中心，其布局的半导体产业带动约 5 万人就业。2022 年，英特尔在以色列的出口额达 87 亿美元，占以色列 GDP 的 1.75%、占以色列高科技出口总额的 5.5%。以色列发挥国内人才多、科技强、资金足的优势，规避自然资源贫瘠、制造材料短缺的劣势，以高端技术服务推进制造业发展。

专栏 3-13 部分被收购的以色列芯片公司

公司	被收购时间/年	收购方	主要产品和服务
Anobit	2011	苹果	闪存控制器。提高闪存系统的速度、耐用性及性能，同时降低成本
Altera	2015	英特尔	FPGA。与 CPU 结合提高服务器芯片的计算能力
Mobileye	2017	英特尔	自动驾驶芯片。以 AI、图像识别技术为基础，提供自动驾驶所需的高精度地图
Camerai	2018	苹果	AR 与计算机视觉技术。提升科技产品摄像能力
Habana Labs	2019	英特尔	AI 芯片。为数据中心提供可编程深度学习加速器
Mellanox	2020	英特尔	无线宽带技术。处理服务器和存储系统之间的交换互联
Tower emiconductor	2022	英特尔	晶圆代工。生产用于汽车、医疗传感器和电源管理的模拟芯片
Autotalks	2023	高通	车载通信芯片。用于智能汽车的车联网(V2X)通信技术，以提高道路安全性

（二）完善结构：打造创新生态系统

以色列制造业创新能力强的一大原因是，其拥有完善的创新生态系统。一是设立首席科学家办公室。以色列自 1974 年在与国家关键科技政策制定和科研经费分配相关的科技部、工贸部、农业部、教育部、卫生部、国防部、公安部等 22 个部门任命了 13 位首席科学家，以市场需求为导向，自下而上部署创新项目，统筹协调科技创新相关的战略决策、科研计划和资金分配。首席科学家办公室的产业研发经费按人口比例计算为世界第一，其预算大约相当于以色列国民每年每人分摊 50000 美元用于民用产业研发。首席科学家办公室每年支持 600 余家企业开展 1000 余个研发项目，资助经费采用市场机制以借款形式给予企业，占全部科研经费的 20%～70%，项目完成后三年内，企业每年返还 3%～5%的销售额，用于持续支持创新科研项目，且首席科学家办公室采取"风险共担、收益不共享"的原则，不持有资助项目的任何权益，保证创新技术制造业的持续繁荣。

专栏 3-14　以色列鼓励研发的主要政策和措施

年份	政策或举措	简介
1959	《资本投资鼓励法》	通过政府赠款、税收减免等措施鼓励国内外投资者进行生产设施和设备投资，促进生产、就业及落后地区开发
1974	首席科学家制度	工业研发项目在经过首席科学家办公室批准后，可获得占项目预算一定比例的政府资金资助，包括促进大型外国企业在以色列合作开发的项目
1984	《鼓励工业研究和发展法》	规定政府可以资助研发或分担开发时的风险，以换取企业未来的专利使用费
1991	"技术孵化器计划"	帮助有创业想法但无创业经验的科研技术人员开发具有后期生产潜力的新产品，并在以色列建立生产企业
1992	"磁石计划"	支持具有潜在竞争力的共性技术开发，包括产品设计和制造中广泛应用于各行业的各种共性技术、零部件、材料、方法等

续表

年份	政策或举措	简介
2010	《天使法》	向以色列初创公司种子阶段投资的单一投资者提供税收优惠
2016	成立"国家技术与创新机构"	为创新技术的研发提供资助和财政支持,以提高工业部门的生产效率,促进技术创新,并通过生产和出口研发密集型高科技产品提高以色列的经济地位
2019	民用和国防技术倡议	培育防务及国土安全、国防创新领域的创业公司

二是打造高新技术创业孵化器。以色列有两大类孵化器,一类是自1991年起,由首席科学家办公室牵头打造的27个技术孵化器,其已于2010年底完成私有化改革,变为营利性公司。孵化器资金渠道分别为首席科学家办公室(20%)、项目公司服务收入(30%)及股权转让收入(50%)。政府不直接负责运营,但通过项目投资基金托管人监督资金使用支配情况,积极引导并承担风险,通过提供部分资金支持,吸引民间及海外资本入场,风险投资和孵化器同步发展、互为支撑。另一类是以色列的大学科学园,该类孵化器由研究型大学牵头,开展技术转移。以色列的研究型大学几乎都设立了技术转移公司,独家享有其所属大学的全部职务发明使用权,全权负责大学的知识产权管理、授权国内外企业应用大学的专利技术,并与产业界建立合作,孵化器将高新技术与创业有机结合,将学术成果有效产业化,拓展国际市场,支持制造业科技创新。

专栏 3-15 以色列技术孵化器运行模式

孵化器承办者从经验丰富的机构或个人中竞争产生。经过孵化器经理、孵化器筛选委员会、首席科学家办公室委员会三段式筛选出待转化项目的前5%进入孵化器。以色列为这些最有希望成功的创业项目配备专业运营团队,补齐创业团队商业运作短板,保证孵化率。孵化周期一般为2~3年,其间投资资金按照公私比例1:2~1:3构成。项目成功产业化后,以专利权费用形式偿还政府投资资金,提升经费合理利用度。

三是完善的军工科技转化产业体系。以色列凭借"军转民""民参军"的战略，通过政府搭桥建立军工技术科技成果的国际转化和应用，以需求为导向加速军工科技在民用制造业的深度融合。一方面，政府鼓励退役军人及军工企业退休职工将军用技术与市场需求适配，在确保军工技术的创新性和领先性的前提下，将军工技术合理转化，推动以色列强势军工技术在民用光电、信息等产业发展。另一方面，政府通过主导军工高新技术产业布局，带动包括航空、电子、制造业等一批以色列民用工业发展，提高以色列整体国民经济水平。

（三）广纳资源：开放式吸收合作

以色列善于吸纳国际资源。国际合作方面，以色列本土市场较小，扩大海外市场至关重要。为此，以色列政府牵头注资，于1985年成立以色列出口与国际合作组织（Israel Export And International Cooperation Institute，IEICI），与中国、美国、欧盟、英国、日本等国际重要创新经济体开展科技项目合作，帮助本土创业项目拓展至北美、中国、印度、日本、非洲等国家和地区，促进以色列贸易出口及与海外公司的战略联盟；同时吸引大量高科技公司（如英特尔、苹果、谷歌、微软、华为等）在以色列设立研发中心，与大量国家和地区共同开展工业研发活动，进一步促进以色列国际科技合作事业发展。以色列出口与国际合作协会主要通过技术产业部门和消费者用品部门进行运作。技术产业部门重点在电子、通信、软件、医疗设备、生物药物、汽车等领域，通过知识技术合作研讨和市场营销活动，促进以色列的公司与全球范围内的机构之间加强联系，为技术领域的以色列出口商业提供机遇，创建商业联系。消费者用品部门重点在食品、酒水饮料、包装、塑料、珠宝等领域，与国际连锁店、代理商、经销商建立联系，帮助以色列出口商参与国际市场活动。

资本方面，为保障科技创新资金支持，以色列政府于1993年启动了YOZMA计划，发挥政府基金的引导作用，吸引国外资本入场，大大加速风险投资业发展，逐步建立风险投资市场开放竞争和法律保障的良性机制，形成本土机构和境外机构共同参与的多层次资本市场，促进以色列中小企业和初创公司的资本融资。据 2019 年数据，以色列风投资金来自全球 180 多个国家和地区，前三大外资来源国分别为美国、英国、中国，其中美国资本规模长期独大，占据外国直接投资额 50% 以上；中国对以色列的投资主要在生物医药、电子商务、无人驾驶等科技领域。

人才方面，以色列吸引人才的方式以移民吸收为核心，随着众多科技企业在本土扎根，加之创业环境良好，以色列出台大量对海外人才具有极大吸引力的人才引进政策，激发国际科技人才赴以色列创新创业的活力，深化与主要国家和地区的科技合作，从而带动本土优秀科技人才的国际化可持续培养。

专栏 3-16　以色列人才引进方式

一是建立灵活的签证制度体系，鼓励高素质人才移民。一方面，设置多类人才引进计划，如夏皮拉基金（Shapira Fund）、吉拉迪计划（Gileadi Program）、卡米尔计划（KAMEA Program）等。以 2016 年推出的"创新签证计划"为例，该计划支持申请者获得 5 年签证，吸引科技项目、资本、技术专利等流入以色列。另一方面，以色列支持双重国籍制度，便利海外犹太精英从军工、经济发达的美国、欧洲、俄罗斯等地回归。

二是建立数据库精准匹配人才。一方面，以色列拥有国家级人才引进数据库，跟踪收集有意返回以色列的高层次人才信息。另一方面，通过职位数据库搜集用人信息，根据专业领域向各类人才推送职位信息，将用人需求与人才精准匹配。

三是吸引外国学生赴以色列留学。以色列设立单独的教育专项基金和各类奖学金，同时利用市场化手段，实施"吉瓦希姆青年引才计划"（Gvahim Program），开展留学生短期交流计划，吸引国外研究人员到以色列学习访问，资助外国青年科技型人才，将外国留学生群体作为人才储备库。

知识产权方面，以色列拥有可与国际规则接轨的完备法律法规，以司法保护为主、行政保护为辅，实行严格的知识产权保护制度，制定了《专利法》《专利和设计条例》《商标条例》《版权法》《集成电路法》等一系列法律法规。政府承诺，跨国公司参与在以色列合作开发的新技术可以在全世界不受限制免费使用。政府仅提供支持，不享有知识产权，政府与企业在创新项目转化上形成良性互动。开放的知识产权政策是吸引跨国公司在以色列活跃的一大原因。

六、瑞士：工匠精神和科技强国战略

（一）工匠精神：筑牢高端制造业

瑞士制造被视为高品质的代名词，这得益于瑞士工匠精神赋予产品的高附加值。一是制造业保持稳定可持续发展。在几大制造业强国"去工业化"趋势显现时，瑞士"混合型工业"的经济体系确保了其制造业比重的稳定。近年来，瑞士制造业占 GDP 的比重约为 18%，韧性强劲，为匠人潜心钻研品质提供了环境支持。二是工匠社会身份认可度高。瑞士工匠尊崇氛围浓厚，瑞士工匠保持高水平道德水准和职业操守，在擅长领域精耕细作，社会地位高、收入可观，工匠职业认同感强，年轻人愿意成为手艺、技术的传承者。工匠构成了制造业稳定可持续发展的必要条件之一，促进了产业的良性循环。三是攻关关键技术，打造金字招牌。1967 年，日本使用低端石英表抢占瑞士手表市场，瑞士手表市场占有率由 43%降至 15%，瑞士钟表巨头斯沃琪集团带头对石英表防震、精准走时、高精度计时等技术进行攻关，同时，为与日本石英表作出质量区分，塑造了"瑞士石英"（Swiss Quartz）这一瑞士石英机芯的金字招牌，用质量保障构建品牌效应，促使消费者提升对瑞士石英表的信任。

> **专栏 3-17　瑞士制表业发展经验**
>
> 16 世纪后半叶，法国胡格诺派难民将便携式时钟的制造技术带入日内瓦，瑞士的制表业由此兴起，很快拥有 500 余家表厂，并成立了世界首家钟表行业协会——日内瓦制表协会。瑞士制表技术突飞猛进，1795 年宝玑发明了陀飞轮，1867 年百达翡丽创造了第一块万年历怀表，1891 年爱彼推出了三问报时机芯。19 世纪，瑞士取代英国成为全球最重要的手表制造国，钟表产量占世界总产量的 2/3。19 世纪后期，美国工业大批量生产模式渗透到手表制造业，规模化的精密零件制造重创了瑞士手表业，瑞士对美国的手表出口量骤缩 3/4。为应对市场变化，瑞士调整工业和精密机械零件的生产技术，并为普通计时手表增添日历、秒表等特殊功能，旨在恢复瑞士手表的市场占有率和产品竞争力。机械和生产领域的创新驱动瑞士手表制造业重返国际舞台，至今仍在手表领域独占鳌头。全球第一块石英手表诞生于瑞士，但由于没有充分重视这一革新的潜力，石英手表市场被日本和美国抢占。斯沃琪于 1983 年在低端市场用"Swiss Quartz"将品质与低价结合，与日本石英表直接竞争。瑞士还在国家层面制定保护瑞士机械表的法律，如制定"Swiss Made"标识使用条例，有效塑造瑞士机械表集历史与技术于一体的高端品牌形象。随着 20 世纪 80 年代后期全球经济复苏，世界奢侈品销售呈爆发式增长，机械表收藏热潮在消费者中蔓延，借助手表成为时尚单品的东风，瑞士制表业重返世界钟表业巅峰，成为瑞士第三大出口产业并保持至今，出口价值占全球钟表市场 48%的份额。

（二）重视教育：职业教育高度发达

在对欧洲各国人口受高等教育比例的统计中，瑞士这一数据仅为 20%，但其失业率欧洲最低。职业教育为瑞士发达的制造业提供了大量人才。一是职业教育费用减免，且给参加职业培训的学徒工发放工资，以此鼓励学生选择成为技术人才，瑞士职业教育和普通全日制的学生比例约为 8∶2。二是职业教育基于市场导向开展教学，不断调整专业设置，保证所培养的人才与制造业关系紧密。三是员工入职前需要通过培训，并且企业为员工提供定期培训，保证技术人才的素质。

（三）扩张海外：布局全球供应链体系

由于瑞士内需市场小，扩张海外市场是其制造业发展的必然选择。一是政府鼓励跨国企业在海外投资，帮助中小企业拓宽市场，改善商贸环境，实现企业全球化发展，提升品牌知名度。二是企业布局全球供应链体系，降低对公司总部的依赖，加快对海外市场问题的响应速度，将产品和服务本土化，提升产品配套运营保障能力。三是有效降低生产成本，提高企业盈利水平，为品质提升奠定物质基础和发展活力。四是瑞士已签署超过120个投资保护协定，作为政治中立国，其在保护投资方面具有重要优势。

七、启示

（一）完善顶层设计，在延续性法规、人才教育、优势产业上发力

培育延续性法律体系，逐步提升制造业品质。良好的制造业质量发展环境，需要延续性的法律体系来保障。综观德国、美国、日本、韩国、以色列、瑞士六国均重视国家法律的延续性，延续性的法律是制造业质量的基础，而政策扶持是产业品质振兴早期必不可少的推动因素。

强化人才教育，为制造业铸魂。一方面，注重引进和培育行业顶尖人才。综观前述六国，在培养本国人才上，充分利用政府、高校、企业资源，开阔国际化视野；在吸引海外人才上，设置政策性法规、专门机构和系统的服务体系，留住海外人才，专心服务制造业。另一方面，注重提升产业工人素质。前述六国都重视工人的培育，并通过完善教育体系、建设技术工人队伍、强化国民素质意识等措施来提升产业工人的素质。

发展适合本国的优势产业，提升供应链整体水平。聚焦本国优势产业，重点扶持优势产业领域的企业，向品牌化、专业化、国际化方向培育，形成世界级的企业和具有世界级质量的产品。发挥大企业质量引领作用，促进供应链整体质量水平提升，创新、推广先进质量管理理论与方法。同时，产业链发展也需要培育数量众多的具有质量竞争力的中小企业，实现大中小企业融合发展，提升产业链韧性、稳定性。

（二）强化创新驱动发展，重视标准引领和产业转化能力

以标准化提高制造业品质。标准化是制造业质量基础的核心要素，制造业技术标准统一、与国际接轨，是制造业品质提升的保障和基础。我国可借鉴德国经验积极开展标准规范化管理。在企业层面，鼓励企业通过参与标准制定，提高自身产品竞争力和可靠度，增加品牌影响力。在产业层面，布局产业标准研究，引领产业高质量发展。在宏观层面，通过制定政策法规和强制性标准，规范促进制造业发展平衡。在全球层面，引进国外先进标准，促进我国制造业标准与国际接轨，增强海外国家对"中国制造"的认可度。

加强产业协同发展。与世界制造强国相比，我国制造业仍存在大而不强的问题，产业链处于由中低端迈向中高端的进程中。可借鉴日本产业协同发展经验，优化整合制造业产业链各环节，推进制造业产业链优化升级，提高产业整体运行能力。一是加快工业互联网平台的布局和应用，加速产业数字化转型。以工业云为介质促进制造业产业链信息高效互通，提高产品质量和生产效率。二是优化产业链组织分工。以行业领军企业带动产业链上下游企业协同发展，构建行业级资源要素共享平台，延伸拓展产业网络。三是培育发展制造业集群。推动产业破除市场、区位壁垒，促进要素自由流动，构建稳定的产业链供应链网络。

畅通科研转化通道。关联科研与应用，将创新链、产业链和市场需求有机连接。一是加强校企合作研发。可借鉴德国双轨教育，将科研主力高校与产业界直接对接，掌握前沿技术与产业一线需求。二是加强知识产权保护。

可借鉴以色列经验，构建知识产权一体化转移转化平台，加快构建知识产权确权、维权和商业化的完备产业链条，推动专利密集型制造业发展。三是深化赋权改革。细化科技创新权益规则，激发成果转化热情，打破由科技成果权责不明造成的"不敢转"的瓶颈，加速研究成果进入产业界。

（三）构建高质量制造业生态，推进管理、技术、产业布局等多方面工作

重视科学管理。企业作为制造业生态的重要组成部分，需采取科学的管理方式来提高生产效率，降低产品成本。在制造前针对原料的管理，要采用信息化手段建立一个监测追踪物流和供应链的深度合作系统，以确保准时投送、良好质量和品质保证。在制造中针对质量的管理，要加强对生产设备的运行效率、生产计划的安排，以及质量管理的规范和检测，让整个企业的生产过程更加可控。在制造后针对服务的管理，要建立良好的产品售后团队，以营造相互信任和相互扶持的氛围。企业应尽可能与其他供应商建立联合体，如果条件允许则进行合并，以实现优势互补和资源共享，做好售后服务。

以技术为基石。强化制造业校企合作，引导骨干教师和企业高技能人才双向交流、互派互聘。强化制造业互联网技术，加强企业各参与主体之间的连接，通过互联网，把生产设备、生产线、员工、仓库、供应商、产品和客户连接起来，实现效率提升、成本降低。提高制造业软件运用，在产品设计、成套装备设计、厂房设计、工业系统设计中利用相关软件，提升工业管理性能和设计效率，节约成本，实现可视化生产，为智能制造提供有力武器。

在全球范围内布局。在产品生产上，布局本土研发、海外组装产品。例如日本将需要保持技术优势的产品留在国内生产，将不具备技术优势的组装型产品转移至发展中国家生产。在文化输出上，与本国民族文化结合，形成制造质量文化，如德国的质量精准文化、美国的质量创新文化、日本的质量第一文化、韩国的质量时尚文化，均成为造就其制造强国地位的关键要素。

（四）深化国际交流合作，拓展海外市场空间

加强对外学习，补齐关键产业短板。一是巩固产业基础能力。建设稳固可靠的产业链，解决长板产业中的"卡脖子"问题。借鉴以色列经验进行传统产业转移，稳定优势产业领先地位，为新兴产业腾出发展空间。二是加速核心技术攻关。确保重点领域技术的领先地位，保证原始创新能力。三是加强战略科技布局。超前谋划制造业创新产业科技发展，优化国家制造业创新中心等国家级创新机构支持。

积极对外推广，向外循环价值链高端延伸。一方面，构建国际交流平台，借鉴德国形成会展行业组织机构，为我国中小企业"走出去"提供平台和机遇。另一方面，加大我国制造业在国际舞台上的宣传力度，借鉴韩国产业文化输出经验，在不同领域进行潜移默化的产业文化宣传。

开放国际合作，形成比较优势。一是加强贸易促进工作，积极开拓国际市场，借鉴瑞士经验布局海外产业生态，加速海外需求响应。二是吸引外部资源，借鉴以色列经验，提高我国对外引资、引智、引技能力，提升有利于我国制造业更好整合全球要素的能力。三是重视开放带来的风险，增强风控、监管能力，维护我国制造业产业链、供应链安全。

CHAPTER 4 第四章
我国推进制造业品质革命的基础条件

一、我国制造业规模大且有韧性，正处于由大变强的关键跃升阶段

（一）制造业规模大、门类齐全，全链制造、韧性强，部分重要领域全球领先

按照国民经济统计分类，我国制造业有31个大类、179个中类和609个小类，是全球产业门类最齐全、产业体系最完整的制造业，这使我国持续保持着世界第一制造大国地位。党的十八大以来，我国制造业大国地位不断巩固。数据显示，2012—2022年，我国制造业增加值由16.98万亿元增长到33.5万亿元，占全球比重从22.5%提高到近30%，制造业规模已连续13年居世界首位。世界500种主要工业产品中有四成以上产品产量位居世界第一。例如，在汽车领域，我国汽车保有量从2012年的1.21亿辆大幅增长到2022年的3.19亿辆，特别是新能源汽车，产量已连续7年位居世界第一。同时，我国拥有超大规模市场和雄厚的制造业基础，制造业产业链供应链体系完备，覆盖从原材料到零部件、从中间产品到最终产品、从消费品到生产资料、从传统制造业到战略性新兴产业。在新冠疫情和中美贸易争端的双重冲击下，我国制造业展现了强大的生产能力和应变能力，产业链韧性强。此外，经过30多年的快速发展，我国部分重大装备、消费类及高新技术类产业已经实现了全球领先或达到国际先进水平，涌现出一批行业标杆企业，制造出一批先进、优质的国之重器和消费类产品。据2019年中国工程院对26类有代表性的制造业产业的国际比较分析，目前我国在通信设备、先进轨道交通装备、输变电装备、纺织、家电等领域达到世界领先水平，在航天装备、新能源汽车、发电装备、钢铁、石化、建材等领域达到世界先进水平。

（二）虽处于全球制造业第三阵列，但与第一、第二阵列国家的差距不断缩小，追赶步伐持续加快

目前，我国制造业产业规模居世界首位，但产业附加值仍然偏低，产业

发展质量与美国、德国、日本等制造业强国相比存在差距。根据中国工程院战略咨询中心等发布的各年度《中国制造强国发展指数报告》，2012—2020年[①]，我国制造强国发展指数稳步提升，但始终排名第四位，位列第三阵列；拥有全球科技创新中心的美国一直居首位，位列第一阵列；以德国和日本为代表的高端制造强国，位列第二阵列（图4-1）。

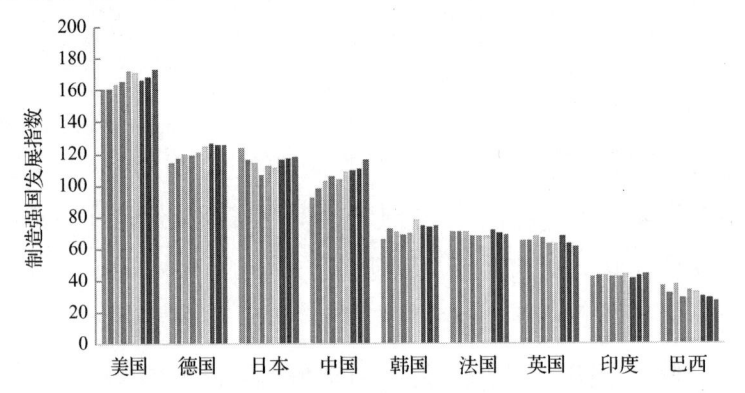

图 4-1 2012—2020 年各国制造强国发展指数

（资料来源：中国工程院战略咨询中心等发布的各年度《中国制造强国发展指数报告》）

从2012—2020年中、美、德、日四国制造强国发展指数（图4-2）可以看出，我国制造业综合实力和国际影响力稳步提升。研究显示，2012—2020年我国制造强国发展指数由92.31增长到116.02，年均增幅达2.96；美国由160.35增长到173.19，年均增幅约1.61；德国由114.32增长到125.94，年均增幅约1.45；日本由124.29下降为118.19，年均增幅约-0.76。虽然目前我国综合水平还不及美国、德国、日本，但我国年均增幅最大，增长势头较强，凭借制造业强大韧性和发展动能，我国制造强国发展指数已与日本较为接近，与德国、美国的差距也在不断缩小。同时，根据世界经济论坛公布的全球"灯塔工厂"[②]名单，截至2023年1月，共有132座工厂入选。其中美

---

① 《2022中国制造强国发展指数报告》内容未在公开渠道获得，故本书讨论的制造强国发展指数年份仅到2020年。

② "灯塔工厂"，即具有榜样性的尖端制造工厂，此类工厂的共同点：通过利用数字技术，跨越企业壁垒优化整个供应链，提高生产率，抓住市场需求开展灵活生产，提高能源效率，减少温室气体排放等。

国入选数量居首位，有 18 家企业、36 个基地入选；其次是我国，有 14 家企业、25 个基地入选；德国居第三位，有 8 家企业、14 个基地入选；而日本仅有 2 家企业、2 个基地入选。从"灯塔工厂"入选情况看，我国制造业水平正稳步提升，在部分先进制造环节已进一步赶超。

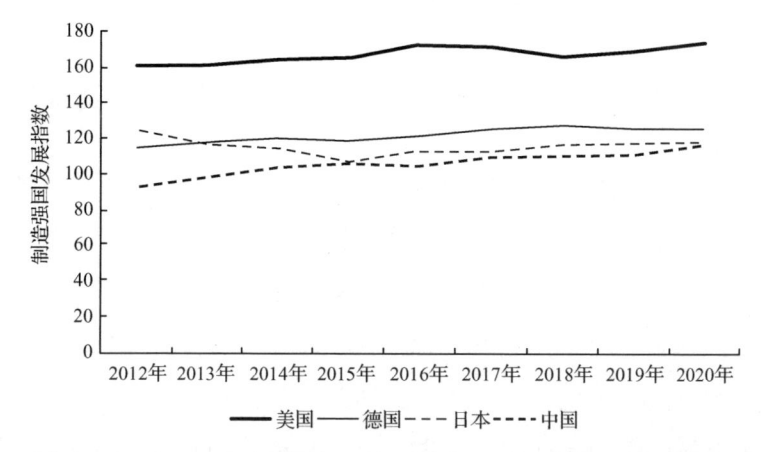

图 4-2　2012—2020 年中、美、德、日四国制造强国发展指数
（资料来源：中国工程院战略咨询中心等发布的各年度《中国制造强国发展指数报告》）

（三）通过推进制造业品质革命有望跃升第二阵列

近十年来，我国制造业持续加快向技术水平、生产效率、附加价值更高的产业领域和价值链环节升级，加速向高端化、智能化、绿色化方向发展，但与世界制造强国相比仍存在差距。据中国工程院战略咨询中心等发布的《中国制造强国发展指数报告》，美国在质量效益、结构优化、可持续发展等方面具有全面优势，均保持领先地位；德国和日本在质量效益、结构优化、可持续发展等方面具有相对优势；而我国持续保持世界第一制造大国地位，在规模上保持绝对优势，远超美国、德国、日本，但在质量效益、结构优化、可持续发展等方面较其仍有一定的差距，这就需要我国制造业通过品质革命来推动结构优化、提升发展质效、推进品牌建设，以实现赶超。中国工程院战略咨询中心等预测，在国内外宏观经济环境不发生重大变化的前提下，持续推进制造强国战略，大力推进制造业品质提升，到 2025 年我国制造业国

际竞争力或将与日本基本相当，有望迈入第二阵列。

二、我国制造业质量品牌建设持续推进，但在产品结构、质量效益、品牌价值方面仍需提升

（一）产品结构持续优化，但中高端产品有效供给不足亟待破解

近年来，在供给侧结构性改革的推动下，我国制造业产业链供应链水平不断提升，产品结构逐步升级优化，如高端装备、新能源、新材料、智能产品快速发展。据国家统计局数据，2023年上半年，新能源汽车、太阳能电池、充电桩等新能源产品产量分别增长35.0%、54.5%、53.1%；电动载人汽车、锂离子蓄电池、太阳能电池"新三样"正逐步替代服装、家电、家具"老三样"，成为外贸增长新动能。据海关总署数据，2023年上半年，我国电动载人汽车、锂离子蓄电池、太阳能电池出口合计增长61.6%，拉动整体出口增长1.8个百分点。我国制造业领域产品结构正向高端化、智能化、绿色化的高质量发展新阶段迈进。

目前，我国制造业产业和产品结构仍有较大的调整空间，在全球产业链分工中更多承担的是中低端产品生产，存在低端产品过剩、高端产品不足的问题。例如，目前全球50%以上的粗钢、原铝和水泥产自中国，而电子信息、高端装备制造、航空航海发动机、智能仪表仪器、医药和医疗器械等行业严重依赖进口，特别是高端芯片、半导体等关键设备材料依赖进口程度达90%以上。在消费品领域，对于高品质、高复杂性、高附加值、安全环保产品，我国供给能力仍存在较大提升空间，消费外流严重。2019年[①]，我国海淘用户达1.54亿人，同比增长53%，交易规模超过十万亿元。同时，购买的商品层次也呈下移态势，从以往的高档奢侈品转向中高端日用消费品。此外，

---

① 2020—2022年受新冠疫情影响，境外消费减少，境外消费数据不能完全反映消费者的真实购买意愿。

在绿色低碳发展背景下，高品质的绿色低碳产品有效供给不足，绿色原材料供给、高质量绿色产品供给仍难以满足绿色生产和绿色消费需求，产品绿色低碳属性不足。

（二）质量标准体系不断完善，但部分产品标准的质量安全要求与发达国家仍存差距

标准是支撑制造业高质量发展的重要技术力量，其战略地位日益凸显，发达国家在重视更新传统领域国际标准的同时，更多地注重节能环保、信息技术、生物技术、装备制造、新能源、新材料等新兴产业领域国际标准的争夺。近年来，我国制造业领域标准支撑也持续发力。据市场监管总局（国家标准委）发布的《中国标准化发展年度报告（2022）》，2022年，我国发布材料与装备制造领域相关国家标准728项，重点领域装备制造国际标准转化率达到90%；发布电动汽车充电系统信息安全、电动汽车能量消耗量等汽车相关标准38项；国家高端装备制造业、智能制造标准化试点总数达108个，形成了以重点突破带动整体跃升的良好态势。

当前，由于大部分标准的规则制定与解释权主要掌握在西方发达国家手中，越来越多的标准成了西方发达国家限制"中国制造"出口的技术性贸易壁垒。例如，部分发达国家实行欧盟的CE标准认证制度，使我国家电等产品出口受到严重影响。我国作为国际标准化组织（ISO）的六大常任理事国之一，拥有位居世界第二的GDP总量，但国际标准化活动参与度却位列第六，参与制定的标准仅占1%左右；相比之下，德国GDP世界排名第四，而在国际标准化活动的参与度上位列第一。目前，我国制造业质量标准体系还不健全，部分产品和技术标准不完善、实用性差，跟不上新产品的研发速度，高新技术、高附加值产品的关键技术标准缺乏，难以满足品质竞争的需要。同时，标准的实施力度和监管力度有待加强，在一定程度上影响了产品质量水平的提升。

（三）制造业提质增效稳步发展，但质量效益仍是我国制造业的最大弱项

制造业质量是衡量国家制造业综合实力和核心竞争力的重要指标，反映了制造业满足经济社会发展需要的程度。作为制造业大国，近年来，我国制造业质量水平持续提升。据国家统计局发布的《2022年国民经济和社会发展统计公报》，2022年我国制造业产品质量合格率为93.29%，扭转了自2019年以来合格率下滑的局面，制造业产品质量水平提升，且合格率已连续7年都在93%以上。同时，我国全员劳动生产率持续增加。据国家统计局数据，我国全员劳动生产率为152977元/人，比2021年提高4.2%，近五年年均增速为5.8%。与美国、德国、日本等制造强国相比，虽绝对水平仍有差距，但增速较其更快。

与发达国家相比，我国制造业在产品质量、生产效率方面仍有较大的提升空间。一方面，由于企业规模、流通渠道不同，产品质量状况不平衡，部分产品质量安全问题影响了消费信心。2022年，市场监管部门全年组织抽查检验18397家企业生产经营的19440批次产品，发现1786家企业的1827批次产品不合格，抽查不合格率为9.4%，近五年产品抽查不合格率持续在10%上下浮动，产品质量水平仍有待提升。同时，我国制造业产品较美国、德国、日本等制造强国在产品性能稳定性、质量可靠性、环境适应性、使用寿命等方面仍存在一定差距。例如，精密减速器、高端轴承、先进半导体材料、车规级汽车芯片等基础产品，以及重型数控机床、先进农机、精密测量仪器等领域整机产品，在可靠性、使用寿命方面存在较大提升空间；钢铁、有色、化工等产品，在功能档次、质量一致性和稳定性上仍需进一步提高。据《2021中国制造强国发展指数报告》，我国制造业"质量指数"分项贡献率为0.55%，与处于第二梯队的日本（3.49%）、德国（2.35%）相比仍存在较大的提升空间。另一方面，我国制造业生产效率与发达国家相比差距较大，据测算，2022年我国全员劳动生产率约为2.3万美元，约相当于美国的1/6。

同时，制造业智能化水平有待进一步提升，目前我国制造业整体上还处于机械自动化向数字自动化过渡阶段，以德国"工业4.0"为参照系，我国总体上还处于"工业2.0"时代，部分企业正在向"工业3.0"时代迈进。

（四）自主品牌竞争力不断攀升，但品牌价值仍有较大提升空间

近年来，我国制造业品牌建设成效显著，全球品牌不断涌现。在"2022年全球品牌价值500强"榜单中，我国入围企业84家，比2017年增加27家，制造业涌现众多全球知名品牌。经过多年的品牌建设，我国在家电、消费电子、汽车等领域的自主品牌竞争力持续增强，涌现了如海尔、华为、小米、比亚迪等具有较强国际竞争力的自主品牌。例如，在汽车领域，我国汽车出口均价从2018年的1.29万美元提升至2022年的1.64万美元，品牌对提高制造业出口产品附加值的作用凸显。

我国虽是制造业大国，但品牌影响力与国际"大牌"差距较大，无论是中高端消费品领域还是重工业及精密仪器等领域，我国品牌在国际市场上的竞争力均不突出，美国、欧洲、日本、韩国等国家和地区占据了主导地位。据全球知名品牌战略管理咨询公司英图博略（Interbrand）发布的"2022年度全球最具价值100大品牌榜"，我国仅小米和华为两个品牌上榜，分别居第84位和第86位。这在一定程度上显示，与制造业发展的速度和规模相比，我国品牌建设明显滞后。我国部分企业以代工制造为主，没有建立自主的营销渠道和品牌，同时，还有诸多企业无论是在品牌价值认知还是培育能力上均存在不足，尚不能有效地将自身优势和特点转换成品牌价值；目前，能与国外知名品牌相抗衡、具有一定国际影响力的自主品牌屈指可数。据不完全统计，世界装备制造业中90%的知名商标所有权掌握在发达国家手中。

专栏4-1　中国品牌的崛起与差距——以传统优势产业纺织服装为例

根据Brand Finance每年发布的"全球服装时尚品牌价值50强榜单"，我国品牌正快速崛起，但也应看到，我国在品牌价值上与欧美国家存在差

距，以2022年和2023年的榜单为例，我国上榜品牌总价值不到榜首耐克品牌价值的一半，不到上榜品牌总价值的5.0%，不到法国、美国上榜品牌总价值的1/5。之所以存在如此大的差距，主要在于国产品牌在研发、布局、运营等方面存在不足。

国产品牌研发设计能力不强，产品附加值和时尚属性有待提高。一是国产品牌研发投入强度较低，国产头部品牌研发投入较国际头部品牌差距较大，如安踏、李宁的研发投入占比在2%左右，不及耐克、阿迪达斯5%~10%的研发投入占比。二是原创性科技创新和时尚设计成果较少，国产品牌服装科技附加值和时尚属性不强，高端服装品牌数量少且规模不大，国内高端服装海外进口需求仍较大，如我国从法国和意大利进口的高档服装数量仍保持高速增长。三是我国科技创新、时尚创意设计人才结构和素质尚不能完全满足品牌发展的新要求，特别是国内高端创新人才及高水平设计师匮乏，导致诸多国产品牌要依靠外国设计师体现品牌标签，如上榜品牌波司登与美国、法国、意大利等顶级设计师联名合作，推动羽绒服向高端化、时尚化转型。

国产品牌国际化布局严重不足，海外输出难现象亟须改变。一是国产服装品牌海外市场营收占比少，主要依靠国内市场，如李宁国内市场营收占比高达98%以上，海外营收占比不足2%，而耐克海外市场（欧洲、中东及非洲地区，大中华区，亚太及拉美地区等）营收占比约为59.4%，阿迪达斯海外市场（北美地区、大中华区、亚太及拉美地区等）营收占比约为63.5%。二是国产品牌进军海外市场乏力，品牌企业国际化布局重点推出的不是自有主品牌，而是靠收购海外知名品牌，如安踏收购了芬兰品牌Amer Sports，李宁收购了英国品牌Clarks，对比耐克、阿迪达斯品牌国际化布局差异明显。三是国产品牌海外营销渠道不成熟，部分国产服装品牌"出海"追求短期效益，依赖亚马逊、速卖通、Lazada等第三方平台，而忽略品牌海外自营平台的建立，难以形成稳定的客户群。

国产品牌运营水平不高，品牌营销渠道和营销环境仍有待改善。一是国产品牌定位和核心价值较国际知名品牌有一定提升空间，部分品牌定位不清晰，品牌产品与推广同质化严重，缺乏将大单品、品牌核心价值做大做强的运营体系，品牌市场影响力和占有率不高，如国内运动服装市场仍被国际龙头企业耐克、阿迪达斯占有40%的份额。二是品牌新零售渠道拓展和建设方面有待加强，大部分国产服装品牌尚未建立以消费者需求为中心、以数据驱动品牌发展的新零售业态，产销分离，高库存现象严重，依托大数据洞察市场需求的能力仍显不足。三是品牌知识产权保护力度有待加强，品牌维权成本较高，对侵权行为的打击力度不够。国产知识产权布局较国外品牌仍有差距，如耐克有关运动鞋的专利申请数量为744项，是安踏的2倍多。

第五章
基本实现制造业品质革命的关键指标及标志

CHAPTER 5

一、基本实现制造业品质革命的关键指标

目前，国内外对于制造业品质革命的评价指标尚没有统一的标准。在对发达国家制造业发展历程和经验研究的基础上，结合国内专家和学者对我国制造业品质革命、制造业高质量发展及制造强国等问题的研究，本书编写组认为，我国制造业品质革命的关键指标主要包括结构优化、发展质效和品牌建设三个方面。鉴于我国人口红利、自然资源等要素资源优势有所弱化，制造业品质革命实现的主要特征包括合理的产业和产品结构、良好的质量和效益、较高的品牌价值和竞争力。制造业品质革命的具体指标数据来源为国家统计局、海关总署、工业和信息化部，以及《国民经济和社会发展统计公报》《世界品牌500强》《中国最具价值品牌500强》等，由于制造业品质革命首次提出时间为2018年，故数据时间序列选择2018—2022年这五年进行测算。

（一）结构优化指标的选取

结构优化主要从产业和产品结构优化升级两个方面来考虑。一方面，制造业产业结构升级是结构优化的重要表征。高技术制造业作为制造业产业链价值链的中高端部分，不仅是用来调结构、惠民生的重要抓手，而且是培育发展新动能、获取未来技术新优势的关键领域。装备制造业是制造业的中坚力量，是制造技术发展的主导产业，对制造业的发展起着引领作用。高技术制造业和装备制造业占比的提升是制造业产业结构升级的重要体现。另一方面，制造业产品结构调整是结构优化的重要体现。高新技术产品是制造业高端化升级的产物，通过高新技术产品出口的变化情况，反映制造业产品结构优化效果。随着新技术、新材料、新装备、新工艺的广泛应用，新产品被研发制造和推广，新产品销售收入占主营业务收入比重用于反映制造业产品结构调整的效果。因此，在结构优化指标中，选取了高技术制造业增加值占规模以上工业增加值比重、装备制造业增加值占规模以上工业增加值比重、高

新技术产品出口额占货物出口额比重、新产品销售收入占主营业务收入比重四个量化指标来表征。

（二）发展质效指标的选取

发展质效主要从产品质量、发展效率和效益、绿色化程度和数字化程度来考虑。首先，产品质量以制造业产品合格率来表征，它是指质量合格的样品数占全部抽样样品数的百分比，统计调查样本覆盖制造业的 29 个行业。2018 年国家统计局发布的《2017 年国民经济和社会发展统计公报》，首次将"制造业产品质量合格率"作为"发展质量效益改善"指标。其次，制造业全员劳动生产率反映制造业发展效率和潜在增长动力，提高生产效率是转变经济增长方式、加快推进制造业品质革命的关键，由于数据获取局限，用全员劳动生产率数据替代，且 2018—2020 年全员劳动生产率选取按 2020 年价格计算的数据。制造业增加值是制造业创造的市场价值，可以衡量制造业发展水平和产业经济贡献度，用制造业增加值增长率来表征制造业发展效益情况。再次，制造业绿色集约化发展也是品质提升的重要体现，推动制造业绿色发展可以推动实现更高质量、更有效率、更可持续的发展，用制造业单位增加值能耗来衡量其发展程度。最后，制造业是实体经济的重要组成，也是数字化转型的主战场，制造业数字化程度是其提质增效的体现，用全国工业企业关键工序数控化率和数字化研发设计工具普及率来衡量。因此，在发展质效指标中，选取了制造业产品质量合格率、制造业全员劳动生产率、制造业增加值增长率、制造业单位增加值能耗、全国工业企业关键工序数控化率、数字化研发设计工具普及率六个量化指标来表征。

（三）品牌建设指标的选取

品牌是一国制造业核心竞争优势的重要体现，是国家软实力的重要组成部分。目前，我国制造业品牌建设落后于制造业发展，加快推进制造业品质革命，必须加强品牌建设。加强品牌建设，生产具有自主知识产权的品牌产品，打造更多享誉世界的"中国制造"品牌，提升自主品牌价值，是我国制造业向全球产业链价值链中高端攀升、实现品质革命的必由之路。"世界品牌500强"是衡量一个品牌全球化业绩的重要榜单依据，其评判依据是品牌的世界影响力，涉及品牌开拓市场、占领市场并获得利润的能力。"中国最具价值品牌500强"是展示我国企业品牌建设成就的榜单，其评估依据是品牌价值。因此，依据世界品牌实验室（World Brand Lab）发布的《世界品牌500强》和国际权威品牌价值评估机构GYbrand发布的《中国最具价值品牌500强》，用世界知名品牌数量和中国最具价值品牌500强平均品牌价值来衡量我国制造业品牌建设情况。制造业品质革命进程指标体系如表5-1所示。

表5-1 制造业品质革命进程指标体系

一级指标	二级指标
结构优化	高技术制造业增加值占规模以上工业增加值比重
	装备制造业增加值占规模以上工业增加值比重
	高新技术产品出口额占货物出口额比重
	新产品销售收入占主营业务收入比重
发展质效	制造业产品质量合格率
	制造业全员劳动生产率
	制造业增加值增长率
	制造业单位增加值能耗
	全国工业企业关键工序数控化率
	数字化研发设计工具普及率
品牌建设	世界知名品牌数量
	中国最具价值品牌500强平均品牌价值

二、我国当前制造业品质革命进程指数的测度

（一）制造业品质革命进程指数测度方法概述

投影寻踪法（Projection Pursuit，PP）是一种能够将多维数据进行降维的数据处理方法，假设某一数据组的因变量为 $y(i)$ $(i=1,2,\cdots,n)$，对应的自变

量为 $\{x(i,j)|\ i=1,2,\cdots,n;j=1,2,\cdots,p\}$，利用投影寻踪法，先将所有的自变量 x 进行线性投影得到对应的投影特征值 $z(i)$，在此基础上，建立 $y=f(z)$ 的函数关系来代表 y 与 x 的关系特性，从而达到变多元分析为一元分析的目的。

投影寻踪法是通过数值优化计算，把多维数据经最佳投影方向降为一维数据，从而找到反映数据结构特征的最优投影的一种多元数据处理方法，该方法对数据和样本容量没有特别的要求。但投影寻踪法在评价时间序列数据时，也存在一些不足。一方面，投影寻踪法通过最佳投影方向求得投影值，它属于效用值，仅可用来对评价对象进行优劣对比分析，对于制造业品质革命随时间的进程情况，不能直观反映。另一方面，运用投影寻踪法评价时间序列数据，由于时间因素的影响会使评价结果比较分散，难以客观真实地反映不同时间的发展结果。因此，针对上述两点不足，对投影寻踪法进行改进：一是通过计算制造业品质水平投影值的最大值来对原有的投影寻踪法进行改进；二是运用数值转化的思想，将投影寻踪法评价时间序列数据所得的较为分散的结果进行集中化处理。通过改进投影寻踪法，使最后测算的制造业品质革命进程指数更客观地反映 2018—2022 年我国制造业品质革命进程水平。

（二）我国当前制造业品质革命进程指数

根据投影寻踪法理论模型和算法程序，通过 MATLAB7.0 软件对 2018—2022 年我国制造业品质革命进程指数进行测算。本书设定免疫遗传父代初始种群规模 $n=400$，交叉概率 $p_c=0.80$，变异概率 $p_m=0.20$，得出测度制造业品质革命进程、结构优化、发展质效和品牌建设各指标的最佳投影方向，如表 5-2 所示。

表 5-2　最佳投影方向

指标	最佳投影方向
制造业品质革命进程	（0.258　0.332　0.215　0.148　0.156　0.318　0.226　0.244　0.305　0.198　0.267　0.189）

续表

指标	最佳投影方向
结构优化	（0.154　0.267　0.121　0.108）
发展质效	（0.110　0.216　0.104　0.151　0.162　0.133）
品牌建设	（0.454　0.546）

对表 5-2 中最佳投影方向进行归一化处理后，可得各指标的权重，如表 5-3 所示。

表 5-3　制造业品质革命进程指标权重

一级指标	权重	二级指标	权重
结构优化	0.3337	高技术制造业增加值占规模以上工业增加值比重	0.0904
		装备制造业增加值占规模以上工业增加值比重	0.1162
		高新技术产品出口额占货物出口额比重	0.0753
		新产品销售收入占主营业务收入比重	0.0518
发展质效	0.5066	制造业产品质量合格率	0.0546
		制造业全员劳动生产率	0.1114
		制造业增加值增长率	0.0791
		制造业单位增加值能耗	0.0854
		全国工业企业关键工序数控化率	0.1068
		数字化研发设计工具普及率	0.0693
品牌建设	0.1597	世界知名品牌数量	0.0935
		中国最具价值品牌 500 强平均品牌价值	0.0662

利用上述求得的各最佳投影方向可求得对应的最大投影值，进而计算得出制造业品质革命进程指数、结构优化指数、发展质效指数和品牌建设指数，结果如图 5-1 所示。近年来，随着我国制造业品质革命的推进，制造业呈现结构不断优化、发展质效稳步提升、品牌建设加速前进的态势。根据评价结果，我国制造业品质革命进程指数呈上升趋势，制造业品质革命进程逐步有序推进，其指数由 2018 年的 0.5458 提高到 2022 年的 0.7253。

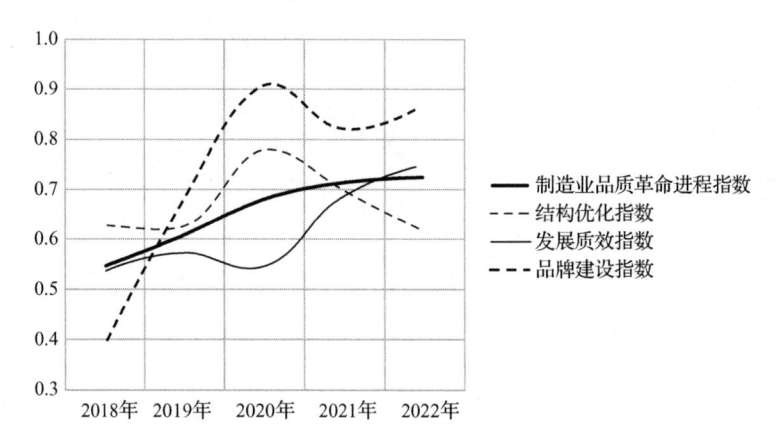

图 5-1　2018—2022 年制造业品质革命进程、结构优化、发展质效和品牌建设指数

（三）我国当前制造业品质革命进程分析

1. 结构不断优化

在结构优化方面，我国制造业无论是产业结构还是产品结构都正在有序推进转型升级，但 2018—2022 年制造业结构优化指数呈波动下降态势，这主要是受近年来中美贸易争端等因素导致高新技术产品出口额占货物出口额比重下降影响。从产业结构看，近年来我国制造业加快产业结构优化升级，促进新旧动能接续转换。据国家统计局数据，高技术制造业增加值占规模以上工业增加值比重逐年增长，由 2018 年的 13.9%增长到 2022 年的 15.5%，装备制造业增加值占规模以上工业增加值比重虽有小幅波动，但始终在 30%以上。从产品结构看，我国制造业产品结构不断优化升级，虽受中美贸易争端影响，近年来高新技术产品出口额占货物出口额比重出现下滑，但整体来看我国高新技术产品发展迅速，尤其在人工智能、5G 通信、高速铁路、新能源汽车等领域取得了显著的成果。此外，我国一直重视研发创新，推动企业不断研发生产和推广新产品，据国家统计局数据，新产品销售收入占主营业务收入比重持续提升，由 2018 年的 18.6%增加到 2022 年的 22.7%。2018—2022 年制造业关键比重变化情况如图 5-2 所示。

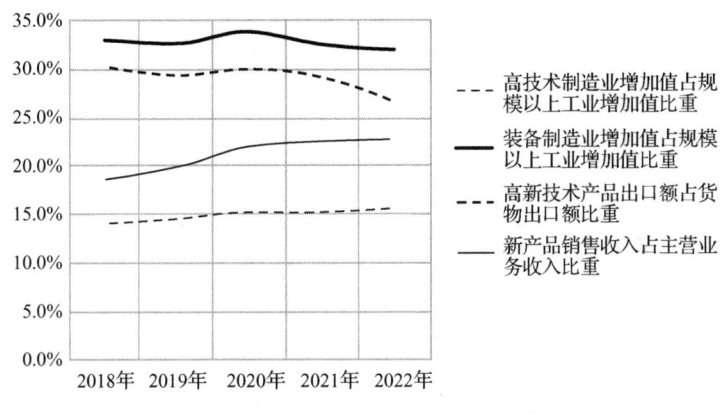

图 5-2　2018—2022 年制造业关键比重变化情况

（资料来源：国家统计局）

2. 发展质效稳步提升

在发展质效方面，我国制造业在质量、效率、效益等方面均呈现稳步向好的态势，整体向高端化、绿色化、数字化方向升级跃迁。从产品质量来看，近年来我国不断完善质量管理制度措施，全面提高产品质量，如高铁、特高压输变电装备、工程机械等部分重大装备、消费类及高新技术类产品的质量达到或接近发达国家水平。据国家统计局 2018—2022 年发布的《国民经济和社会发展统计公报》，我国制造业产品质量合格率连续 7 年都在 93%以上，与《质量强国建设纲要》提出的到 2025 年制造业产品质量合格率达到 94%的目标接近。此外，我国制造业质量整体水平增强，据国家市场监督管理总局的数据，2021 年我国制造业质量竞争力指数达到 84.91，与《质量强国建设纲要》提出的到 2025 年制造业质量竞争力指数达到 86 的目标相差 1.09。2018—2022 年制造业产品质量情况如图 5-3 所示。

从效率和效益看，近年来我国制造业生产率持续提升，据《国民经济和社会发展统计公报》，2019 年全员劳动生产率增速首次超过 GDP 增速，全员劳动生产率增长 6.2%（GDP 增长 6.0%），制造业增加值增长率下降 1.9 个百分点；2022 年全员劳动生产率增长 4.2%（GDP 增长 3.0%），制造业增加值增长率下降 6.8 个百分点。此外，近五年我国制造业增加值增长率虽有波动但始终保持稳定增长态势，这显示出我国制造业强大的韧性，整体发展水平和产业经济贡献度持续提升。2018—2022年全员劳动生产率、制造业增加值增长率情况如图5-4所示。

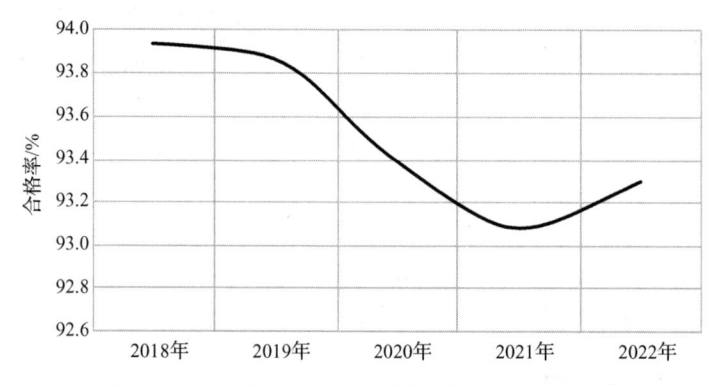

图 5-3　2018—2022 年制造业产品质量情况

（资料来源：《国民经济和社会发展统计公报》）

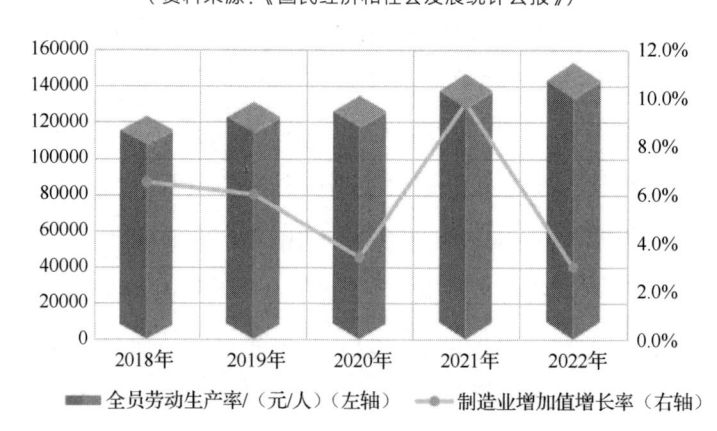

图 5-4　2018—2022 年全员劳动生产率、制造业增加值增长率情况

（资料来源：《国民经济和社会发展统计公报》）

从集约绿色化发展看，我国制造业正加快改变过多依赖增加物质资源消耗、过多依赖规模粗放扩张、过多依赖高能耗高排放产业的发展模式，走科技含量高、资源消耗低、环境污染少的集约绿色化发展模式。近年来，制造业增加值稳步提升，能源消费平稳增长，能效水平显著提升。据测算，制造业单位增加值能耗由2018年的0.135千瓦时/元下降至2022年的0.127千瓦时/元。2018—2022年制造业单位增加值能耗情况如图5-5所示。

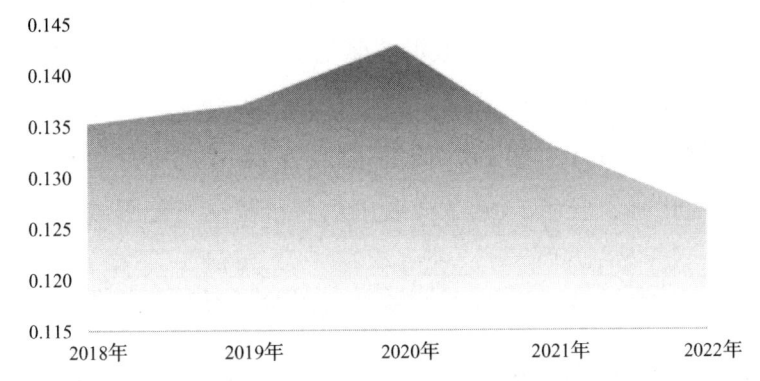

图 5-5　2018—2022 年制造业单位增加值能耗情况（单位：千瓦时/元）
（资料来源：国家统计局、中国电力企业联合会）

从高效数字化发展看，近年来，我国制造业数字化转型全面提速，制造业数字化智能化转型步伐加快。据工业和信息化部数据，全国工业企业关键工序数控化率已从 2018 年的 48.7%提升到 2022 年的 58.6%，数字化研发设计工具普及率从 68.7%提升至 77.0%，这为制造业高质高效发展提供了强劲动力。2018—2022 年制造业数字化程度如图 5-6 所示。

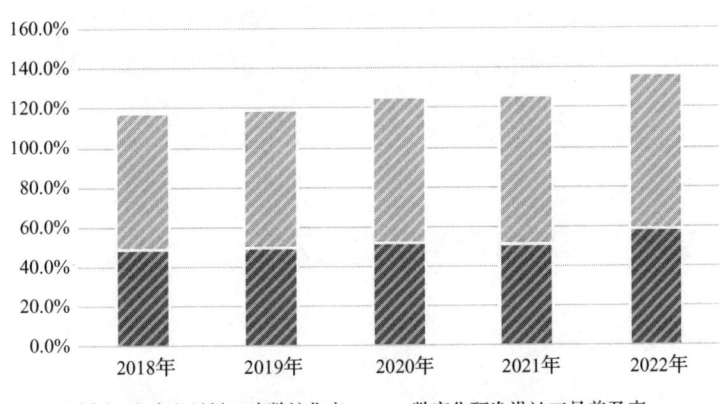

图 5-6　2018—2022 年制造业数字化程度
（资料来源：工业和信息化部）

3．品牌建设加速前进

在品牌建设方面，近年来，我国重视品牌建设，制造业各行业龙头企业高质量发展驶入快车道，企业品牌上榜世界品牌 500 强数量持续增长、品牌价值不断攀升，通过品牌建设有效助推制造业品质革命进程。世界品牌实验室（World Brand Lab）发布的《世界品牌 500 强》显示，2022 年我国世界 500 强品牌数量为 45 个，较 2018 年增长 18.4%；GYbrand 发布的《中国最具价值品牌 500 强》显示，2022 年我国品牌价值达千亿级以上规模的企业数量有 51 个，平均品牌价值达 520 亿元，较 2018 年提高 91 亿元。2018—2022 年我国所有的世界知名品牌数量和中国最具价值品牌 500 强平均品牌价值情况如图 5-7 所示。

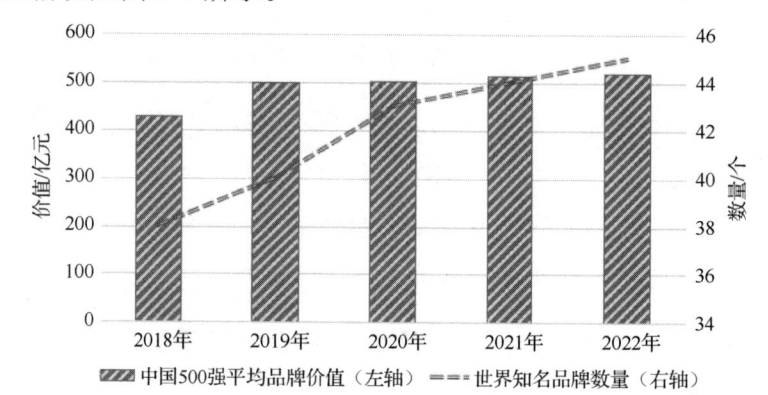

图 5-7　2018—2022 年我国所有的世界知名品牌数量和中国最具价值品牌 500 强平均品牌价值情况

（资料来源：《世界品牌 500 强》《中国最具价值品牌 500 强》）

三、我国制造业品质革命推进阶段及标志

（一）起步阶段

起步阶段（2018—2022 年）是我国制造业品质革命的初始阶段，《2018 年政府工作报告》首次提出"来一场中国制造的品质革命"，随后三年里，制造业从结构优化、发展质效和品牌建设等方面稳步推进。这期间，制造业品质革命进程指数由 0.5458 提升到 0.6822，到 2022 年上升至 0.7253。当前，制造业结构优化后对制造业品质提升的贡献率达 33% 左右；发展质效对制造业品质提升的贡献率达 51% 左右；品牌建设对制造业品质提升的贡献率达 16% 左右。

（二）提升阶段

提升阶段（2023—2025 年）是我国制造业品质革命推进的中期阶段，截至 2022 年，中国制造业品质革命进程指数为 0.7253，根据《质量强国建设纲要》目标要求，预计到 2025 年将达到 0.8 以上。制造业结构持续优化，对制造业品质提升的贡献率达 35%左右；发展质效持续提升，对制造业品质提升的贡献率达 40%左右；品牌建设全面推进，对制造业品质提升的贡献率达 25%左右。

（三）跃升阶段

跃升阶段（2026—2035 年）是我国制造业品质革命基本完成的阶段，制造业品质发展水平与德国、日本等第二阵列国家水平相当。在这个阶段，制造业结构合理化程度与发达国家差距显著缩小，对制造业品质提升的贡献率在 30%左右；发展质效具备与第二阵列的德国、日本基本相当的水平，对制造业品质提升的贡献率达 30%左右；品牌价值实现跃迁，支撑制造业向全球价值链高端迈进，对制造业品质提升的贡献率达 40%左右。

CHAPTER 6 | 第六章
我国制造业品质提升的实践探索

一、强龙头型：上海制造不断向产业链价值链高端攀升

（一）持续推进科技创新，增强以质量品牌为核心的竞争优势

上海把制造业作为全球科创中心建设的主战场，充分发掘创新制造的动力源泉，坚定走创新驱动发展之路，把质量标准作为第一生命力，树立上海制造的全国质量标杆地位。

一方面是强化科创能力。一是积极开辟未来产业新赛道。《上海市先进制造业发展"十四五"规划》提出，上海将构建"3+6"的新型产业体系。瞄准集成电路、人工智能、生物医药三大先导产业，建设产业创新高地，发挥引领作用，聚焦电子信息、生命健康、汽车、高端装备、先进材料、时尚消费品六大重点产业，着力打造高端产业集群，推动知识密集型生产性服务业发展，打造城市核心竞争力的硬支撑。2022年，上海三大先导产业规模超1.4万亿元，工业战略性新兴产业全年完成规模以上工业总产值超4万亿元，占全市规模以上工业总产值比重达43%。2023年上半年，上海全市规模以上工业增加值同比增长14.2%，八成以上工业行业产值实现同比增长，其中汽车制造业产值同比增长21.3%；工业战略性新兴产业总产值8385.47亿元，同比增长14.6%，增速比规模以上工业总产值增速快2.8个百分点，其中新能源汽车和高端装备产值分别增长69.8%和33.1%。二是改革创新体制机制。上海进行了"科创22条""科改25条"等制度创新工作。在金融支持方面，上海发挥金融、资本等优势，促进科技中介服务集群化发展，推动科技和金融紧密结合，通过在上海证券交易所设立"战略新兴版"，鼓励尚未盈利但具备战略前景的科技创新企业上市。创新网络建设方面，上海鼓励建立多层次多类型的国际合作网络，践行"一带一路"科技创新行动计划，与23个共建国家和地区共同建立28个联合实验室和研发基地，打造14个技术转移与孵化服务平台，激励企业建立海外研发中心，主动融入全球创新网络，加深本土机构和科学家与全球科技创新的合作，解决上海发展动力问

题。上海推行《上海市促进科技成果转化条例》《上海市推进科技创新中心建设条例》等政策法规，加大对创新主体赋权激励，建立科技成果市场化评价与合规交易的保障机制，完善成果转化全链条管理。截至2023年，上海围绕政府创新管理、科技成果转移转化、收益分配、机构改革等方面进行了7项改革试点任务，对全国复制推广的创新改革经验举措的贡献率超20%。三是打造开放式创新生态圈。上海聚集国内外创新资源，显著提升科技全球影响力。以奉贤区生物医药园区为例，区内共有400余家门类齐全的生物医药企业，产业基础扎实，但产业链较为分散、缺乏协同联动。区经委专门设立对区内医药服务外包企业、第三方服务机构开展服务的激励政策，放大财政资金的杠杆作用，助力区内企业研发、制造、流通上下游衔接配套。上海以"科创+金融+产业"为抓手，疏通创新链和产业链的双向快车道，构筑跨区域、多层次、网络化的制造业创新生态系统。

另一方面是打响上海"品字标"。一是建设"上海品牌"质量认证体系。设立上海市质量认证专业工作组，推动"上海品牌"认证相关立法工作，加强督查考核，全面提升质量管理水平。二是树立"质量标杆"企业。引导企业提高质量管理水平，推动产品、服务质量稳步提升，推广先进质量管理方法，以质量提升促品牌建设，提高制造业质量效益和核心竞争力。三是建立社会品质共治机制。从消费端对产品质量进行监督，组织消费品质量体验项目，开展消费品质量安全知晓度和满意度调查，倡导优标优质优价和绿色安全健康的消费理念，由消费端逆向促动制造业质量品牌建设。

专栏6-1　"上海制造"品牌计划

《全力打响"上海制造"品牌　加快迈向全球卓越制造基地三年行动计划》主要提出了"四名六创"10个专项行动，其中名品打造、名企培育、名家汇聚、名园塑造"四名"，是最核心的"标识性动作"，而技术创新、品牌创响、质量创优、融合创智、集群创建及绿色创先"六创"，要集中围绕"四名"来开展工作。首先，以名品为抓手，擦亮上海制造新名片。通过深入挖掘市场需求潜力，特别是聚焦健康、时尚、智能等需求，着力打造 500 项"上海制造"精品品牌。其次，以名企为引领，培育上海制造新主体。集中优势资源，做好服务企业的"店小二"，着力培育以世界一流企业、"独角兽"企业、"隐形冠军"为核心的卓越制造企业群体。再次，以名家为纽带，汇聚上海制造新资源。人才是产业发展的第一资源，要着力汇聚以卓越科学家引领、卓越企业家运营、精工巧匠支撑的卓越制造人才队伍。最后，以名园为支撑，打造上海制造新载体。面对空间资源的天花板约束，要瞄准集约化利用、高效化配置，加快建设以世界级品牌园区、特色产业基地为重点的区域性承载体。

（二）通过"工赋链主"，带动赋能全链上下游企业数字化转型

2022 年 10 月，上海市数字化办正式印发《上海市制造业数字化转型实施方案》，目标是实现规模以上制造业企业数字化诊断全覆盖，数字化转型比例不低于 80%。主要通过以下三个方面进行。一是为企业"搭脉问诊"，精准助力数字化转型。政府为制造业产业链核心企业进行数字化诊断，通过"一链一平台""一链一标准"精准培育打造 30 个行业性工业互联网赋能平台，制定数字化统一标准规范。二是引导"链主"企业上平台，强化产业链协同。通过 40 家"工赋链主"的培育，牵引上下游 1500～2000 家企业串联融通，实现"一链多场景""一链多工厂"，协同建设一批示范智能工厂，开放落地 50 余个标杆示范的数字化转型超级场景。三是搭建重点环节数字化平台，构建制造业数字化服务生态。通过引进和培育 200 家数字化专业服务商，加大数字化转型技术供给，实现"一链多服务"，强化全方位数字化生态支撑。搭建 40 万家中小企业云平台，解决中小企业数字化转型过程中存在的"不敢转、不会转"难题；构建制造业领域的公共服务平台，实现产业链资源整合，方便上下游供需对接，降低错配风险，打造"上海模式"的制造业数字化转型和服务生态圈。

（三）对标国际先进水平，加快制造业向全球价值链高端延伸

上海在制造业能级、研发投入等方面的价值链创新能力已处于国内顶尖水平、亚太地区前列，但高价值链治理能力与国际先进水平相比仍存在差距。上海有计划、有步骤地向制造业世界级高端价值链延伸。一是利用周边长三角区域制造业体系完善、实力强劲的优势，围绕"上海制造"与周围城市联动协同发展，带动长三角地区整体产业结构逐步优化，向技术密集型产业占主导地位的高级阶段迈进，依托 G60 科创走廊打造 18 个世界级产业集群，拓展"长三角先进制造业产业地图"，汇聚超国内五分之一的科创板企业，贡献全国十五分之一的 GDP，国际专利申请数量占全球总量的近 3%。二是提高资源配置效率效能和经济密度。首先，加强产业规划布局，优化产业战略方向和项目准入标准，构建高附加值的"3+6"新型产业体系，培育具有支柱潜力的新动能高端产业；其次，加强产业规划布局统筹，在《上海市产业地图（2022）》中围绕资源禀赋编制了 138 张产业现状图和产业未来图，打造"中心辐射、两翼齐飞、新城发力、南北转型"新格局，实施"3+5+X"区域整体转型高质量发展战略，加快存量低效用地转型升级，为引进价值链高端优质项目腾出空间。三是全面推进城市数字化转型。通过推动大数据、AI 等技术创新应用于工业机器人、故障检测维护等新兴领域，上海打造了宝钢、商飞、华谊等一批代表性数字工厂，培育出链接全国超 120 万家企业、820 万台设备的工业互联网平台，工业互联网赋能价值链整合，强化高价值链治理能力，建立高端制造业增长极和全球卓越制造基地，提升传统制造业利润率 8～13 个百分点。

专栏 6-2　"3+6"新兴产业体系

"3+6"新型产业体系，即三大先导产业、六大重点产业。

"3"是指集成电路、生物医药、人工智能三大先导产业，是产业发展的"先锋队"，要发挥引领作用，带动全市产业发展。其中，集成电路

以自主创新、规模发展为重点，提升芯片设计、制造封测、装备材料产业链能级；生物医药以全链协同、成果转化为重点，聚焦生物制品、创新化学药、高端医疗器械、现代中药及智慧医疗等领域发展，加快"张江研发+上海制造"；人工智能以创新策源、广泛赋能为重点，推动人工智能与实体经济深度融合。2020 年三大先导产业已达到万亿元规模，并于 2021 年上半年实现了 20% 以上的增长。

"6"是指电子信息、生命健康、汽车、高端装备、先进材料、时尚消费品六大重点产业，是产业发展的"集团军"，融合制造和服务，打造产业集群。其中，电子信息重点发展集成电路、下一代通信设备、新型显示及超高清视频、物联网及智能传感、智能终端等制造领域，延伸发展软件信息等服务领域；生命健康重点发展生物医药、高端医疗器械、智能健康产品等制造领域，延伸发展健康服务等领域；汽车重点发展新能源汽车、智能网联汽车、整车及零部件等制造领域，延伸发展智慧出行等服务领域；高端装备重点发展航空航天、智能制造装备、船舶海工、高端能源装备、节能环保装备等制造领域，延伸发展系统集成、智能运维等装备服务；先进材料重点发展化工材料、精品钢材、关键战略材料、前沿新材料等制造领域，延伸发展设计检测等材料服务；时尚消费品重点发展时尚服饰、特色食品、智能轻工等制造领域，延伸发展创意设计等领域。

二、跨越型：浙江、广东、福建制造从低起点向高品质跨越

（一）从"生产型制造"向"服务型制造"跨越，延伸制造业价值链

发达经济体的制造业巨头大多具备研发设计、商务服务、市场营销等生产性服务业领域的领先优势，当前全球产业链、供应链加速重构，服务业与制造业融合是制造业向产业链高端延伸的抓手，也是我国沿海发达地区实现

弯道超车、高质量发展的重要途径。

首先，浙江精准聚焦省内汽车制造、生命健康、消费电子、轻纺工业等十大重点领域重点行业，探索"10+X"融合发展新模式新业态，通过推动网络化制造服务深入推进服务型制造。以轻工纺织行业为例，鼓励企业通过满足和创造客户需求，由传统生产销售模式向个性化定制模式、C2M模式等"设计+营销"一体化模式转型。在纺织皮革、鞋服箱包等细分领域支持企业搭建高能级服务平台，开展环保功能面料协同研发、工业设计、共享制造、绿色制造、供应链管理、废纺循环利用等服务。其次，浙江利用"一号工程"数字经济的先发优势，通过数字化、柔性化、集成化、共享化、平台化的"五化"融合路径，选择产业发展基础强的区域，建设现代服务业与先进制造业深度融合试点，培育示范带动性强的试点区域企业。以消费电子融合发展生态体系建设为例，浙江以杭州、宁波等电子产品基地为重点融合发展区域，构建"产品+内容+场景"的全链式生态，支撑生活性服务业、传统零售业、健康养老等数字化发展。2021年确定15个区域、42家企业为浙江省级先进制造业和现代服务业融合发展试点单位，2022年分别增加宁波高新技术产业开发区等9个区域和新华三技术有限公司等35家企业。此外，浙江提出扩展土地过渡期等突破性政策，保障两业融合发展用地需求，优化两业融合发展环境。《中国服务型制造区域发展指数》报告显示，浙江省服务型制造发展水平位列全国第一，目前已培育超500家省级服务型制造示范企业（平台），国家级示范数居全国第一，全国首家服务型制造研究院落户杭州，温州、湖州被评为国家级服务型制造示范城市。

专栏6-3　浙江推动先进制造业和现代服务业深度融合发展的亮点特色

浙江围绕浙江重点发展的战略性产业和特色优势产业领域，通过"五化"融合路径，探索"10+X"重点领域重点行业融合发展新业态新模式。

一方面，创新提出"五化"融合路径。结合浙江实际，凝练形成了"五化"融合路径，涉及生产要素创新（如数字化）、生产组织方式变革

（如柔性化）、企业形态变化（如平台化）等新趋势、新变化，既能有效衔接国家发展战略，又能充分发挥浙江省数字经济、共享经济的先发优势，体现了浙江特色。

另一方面，精准聚焦"十大"重点领域。《浙江省推动先进制造业和现代服务业深度融合的实施意见》提出的"十大"重点领域的选择充分结合浙江实际，体现"浙江味道"，其主要包含以下三方面内容：一是瞄准浙江省的重点优势产业，比如石油化工、汽车制造、电子商务、轻纺工业、装备制造等。这些产业的高质量发展离不开两业融合，理应成为两业融合的主阵地、主战场。二是紧扣浙江未来发展的战略重点，比如自贸区油气全产业链发展、先进制造业产业集群建设和"互联网+"、生命健康、新材料三大科创高地建设等。三是基于各地的先行探索和典型实践，比如绍兴柯桥"印染大脑""丽水山耕"区域品牌发展模式等区域层面的实践，使该实施意见的"浙江味道"更浓。

广东以工业设计为抓手，撬动制造业价值链跃升，促进制造业与服务业深度融合。培育工业设计企业集群，推动国家级、省级工业设计中心和省级工业设计研究院设立产业服务中心，支持文化创意、研发设计、电子商务等服务企业以委托制造、品牌授权等形式向制造业延伸，加快珠三角工业设计走廊建设，将工业设计职业资格纳入工程系列职称认定，设立"省长杯"工业设计大赛，在创新能力、成果转化、人才培育方面形成了一套完整的评价体系。以国际工业设计创新策源地广东工业设计城为例，该园区累计拥有自主品牌50余个，设计师近9000名，知识产权数量8000余项，创新设计产品转化率近85%，2022年服务收入达17亿元，与美的等龙头制造企业协同发展，为区域内超200家制造企业提供全产业链的高端增值服务，发挥工业设计与制造业高质量发展高度关联的特性，提升产品核心竞争力、延伸价值链，推动广东制造业从技术领先向技术与服务双领先转变，赋能制造业转型升级。

福建依托丰富的工业和旅游资源,拓展"工业+旅游"制造企业新业态模式,打造推动先进制造业和现代服务业深度融合发展的重要载体。福建在全国率先推出观光工厂,出台了《福建省观光工厂建设与服务规范》,现有5个国家工业遗产项目,打造了16家省级工业旅游示范基地、25家省级工业旅游试点企业、35个工业遗产培育对象,提升了福建工业旅游经济效益和社会效益。以源和1916创意产业园为例,该园区依托泉州源和堂国家工业遗产建成,打造开发工业研学旅游线路,带动周边入驻企业超200家,园区年营收额达2600万元。

(二)从"要素驱动"向"创新驱动"跨越,提升制造业质量优势

我国制造业经过30余年的高速发展,要素驱动的回报边际效应递减。新常态下,从传统要素驱动向创新驱动转变有利于提高制造业发展的质量和效益,为我国打造一个更优良的增长周期。

浙江于2003年召开改革开放后省内第一个工业大会,提出"八八战略",以进一步发挥浙江块状特色产业优势,加快先进制造业基地建设;于2005年在《浙江省先进制造业基地建设重点领域、关键技术和产品导向目录》中,明确将高技术产业、装备制造业、传统优势产业改造提升和循环经济作为四大类先进制造业基地建设重点;同时出台《浙江省限制和淘汰制造业落后生产能力目录》,将九大行业、430项技术的传统工业项目有步骤地"腾笼",缓解资源能源约束。"十三五"期间,浙江先进制造业基地规模效益持续提升,制造业增加值突破2万亿元,规模以上制造业劳动生产率达23.5万元/人。规模以上工业中,数字经济核心产业制造业增长迅速,年均增长14.1%,增速高于规模以上工业7.3个百分点,占GDP比重为10.9%,产业数字化指数居全国首位。产业结构优化明显,规模以上工业中战略性新兴产业、高新技术产业、高技术制造业增加值分别为33.1%、59.6%、15.6%。"十四五"期间,浙江继续重点发展新一代信息技术、生物医药和高性能医疗器械、新材料、高端装备等新兴产业,巩固升级汽车、绿色石油化工、现代纺织等优

势产业。通过一套产业转型升级"组合拳"，浙江实现了"创新驱动"的灵活蜕变。

珠三角土地开发强度先前超过 30%（国际公认警戒线），深圳土地开发强度超过 50%，土地要素短缺成为广东制造业发展的硬约束。以东莞 2019 年的村镇工业集聚区情况为例，423 平方千米的工业用地约占其建成区面积的 35%，但分布零散，全市七成以上的工业用地为村级工业园。面对产业规模性外迁的风险，广东实施"工业改工业"改造，用近十年时间完成全省近百万亩产业空间布局重构，优化 20 余万亩土地资源配置。其中，佛山通过推进标准工业厂房建设，吸引优质产业载体进驻，提升区域制造协同效率，村集体物业收益提高 7 倍；顺德村级工业园的平均容积率从 0.78 提升到 2.5，用地效率提高超 2 倍，通过大规模连片改造，上百家低端塑料厂"腾笼换鸟"改为美的机电光华工业园，打造全国工业 4.0 智能制造示范基地，建设世界级灯塔工厂。随后珠海、汕头等地建设大型高端产业集聚区，推动核心技术自主创新。以"广东强芯"工程为例，该项目设立了总规模超千亿元的投资基金，化解了我国"缺芯短柜"的供应链不稳定难题，缓解了全球芯片市场供应短缺问题，2022 年出货量同比增长近 170%。广东立足土地资源优化，打破资源禀赋束缚，打造高水平制造业发展平台，拓展制造业创新发展空间。

福建借助数实融合，激活制造业创新引擎。传统制造业成本高、效率低、品控差，福建使用新一代信息技术赋能，扭转传统制造业高耗能、高污染、高库存的局面。2022 年，福建在智慧零售、数字化平台等多项数字化转型指标排名中均进入全国前十，2022 年全省数字经济增加值超过 2.6 万亿元，占全省经济增加值总量近一半，大数据、物联网、网络安全等产业领跑全国，网络零售额走在全国前列。福州拥有 10 个省级以上的工业互联网示范平台，接入 600 多家纺织化纤产业，2022 年纺织化纤行业规模以上工业总产值超 3400 亿元。代表企业福建永荣集团，以石化尼龙新材料为主业，依托现代工业 4.0 和工业互联网技术，对装备进行自动化、数字化改造升级，节约人工和土地成本近七成，每年节约生产成本近 2500 万元。福建助推数字经济和实体经济深度融合，实现企业降本增效、拓展新商业模式，探索制造业的创新高质量发展。

（三）从"贴牌生产"向"品牌培育"跨越，强化制造业品牌建设

品牌是企业最具价值的无形资产，打造自主品牌是我国制造业价值链向高端延伸的重要任务之一。我国很多企业已实现从贴牌到创牌的巨大跨越，走上了品牌建设的道路。

浙江政府为解决浙江省商标品牌企业"低、小、散、弱"的问题，开展"浙江制造"品牌培育计划，设立"走出去"战略专项资金、建设"走出去"公共服务平台。"十三五"期间，浙江建设"品字标"品牌体系，围绕"区域品牌、先进标准、市场认证、国际认同"开展品牌战略规划，一是支持企业提高"委托设计+自主品牌"混合生产方式的比例，推动企业从贴牌生产（OEM）向委托设计制造（ODM）和自主品牌制造（OBM）一体化转型。二是支持企业通过海外并购等方式集聚境外先进技术和品牌，自建海外市场营销、售后服务体系，实现企业的跨越式发展，培育本土跨国企业。三是完善加工贸易数据统计体系，加大对国内外企业品牌和自主知识产权的保护力度。截至2023年年中，浙江省共培育4245家"品字标"品牌企业，拥有6051个"品字标"品牌产品，订立3029项"品字标"品牌标准，浙江省（宁波除外）共推动84家中国老字号企业创新发展。以"品字标"企业贝发集团股份有限公司为例，该企业拥有众多文具制造核心技术，是国内文创产业企业中的领头羊、国家制造业单项冠军，其以创新研发持续提升品质，研发投入占总营收的3%，为产品"走出去"进一步打开市场。

专栏6-4 "浙江制造"品牌培育计划

一是"品字标浙江制造"。坚持"国内一流、国际先进"定位，以高端产品引领中高端消费市场，大力培育终端消费品企业，覆盖"专精特新"企业，拓展国内市场。完善以区域品牌、先进标准、市场认证、国际认同为核心的"品字标"品牌建设制度体系，加快实现"一个标准、

一次检测、一次认证、多国证书"的目标,提高"品字标"的国际认可度和影响力。

二是"雄鹰行动"。制造业和生产性服务业年营业收入超千亿元的企业力争达30家,进入世界500强的企业8家。培育一批资源配置能力强、国际市场占有率高、具有核心竞争力的企业,一批创新能力强、跻身世界前列的企业,一批抢占发展先机、在全球同行业中具有引领作用的新经济企业。

三是打造"单项冠军之省"。全省冠军企业培育生态更加完善,创新实力更为雄厚,发展质量效益明显提升,市场占有率稳步增长。力保制造业单项冠军数量全国第一,基本实现全省设区市制造业单项冠军全覆盖,打造3~5个"单项冠军之城"、6~8个"单项冠军之县",成为全国制造业"单项冠军之省"。

四是"雏鹰行动"。建立健全中小微企业梯度培育机制,打造创业创新的良好生态,引导企业走"专精特新"发展之路,培育细分行业的隐形冠军企业。引导中小企业开展质量、标准和品牌建设,打造"浙江制造"品牌。支持企业对标一流水平建立质量管理体系,提高质量管理水平。科技型中小企业达6万家以上,净增"小升规"企业1万家以上,入库培育隐形冠军企业1000家以上,产生隐形冠军企业200家左右。

广东凭借创新能力持续领先,实现新产业新赛道品牌建设。依托广东全国制造业大省、全球重要制造业基地的优势,无人机企业大疆、自动驾驶企业文远知行、无人船企业云洲智能等一批人工智能企业迅速打造品牌,占领市场。《2022年广东省人工智能产业发展白皮书》数据显示,2021年广东省人工智能核心产业规模超1300亿元,产业总体处于全国领跑位置。2022年度万家民营企业评营商环境调查结果显示,广东"创新环境"指标位居全国第一。《2022年中国区域创新能力评价报告》显示,广东省创新实力强悍,全年研发经费合计约4200亿元,研发人员数量、发明专利有效量、PCT国际专利申请量均排名全国第一，连续 6 年区域创新综合能力排名全国首位。广东大力建设 20 个战略性产业集群，支持智能家电、电子信息等支柱优势产业，培育集成电路、机器人等新兴产业，助力新赛道上的科创品牌顺利建设。广东建立了从基础研究到应用研究再到成果转化的完善科技平台体系，出台《促进科技成果转化条例》、《自主创新促进条例》和"科创 12 条"等政策，畅通科技成果转化渠道，促进产业链和创新链深度融合。以新能源汽车产业为例，建设仙湖实验室等 8 家省级重点实验室，建设广东省大湾区新能源汽车产业技术创新联盟，助力汽车产业高质量发展的品牌建设。随着粤港澳大湾区国际科技创新中心建设推进，广东全过程创新生态链进一步强化，为创新企业品牌建设增添动力。

福建省莆田鞋业产值超千亿元，为加快制鞋业转型升级，扭转以出口代加工为主、处于价值链底部的被动局面，莆田先后出台《加快鞋业高质量发展十条措施》《关于促进鞋业转型升级的实施方案》等多项举措。一是打击假冒、侵权鞋服。以"打转结合，以打促转、以销促转，销堵共进"的原则压缩制假售假空间，以政府信用背书，扭转消费者对莆田鞋"高仿""山寨"的刻板印象，激发企业发展活力，为转型升级创造新契机新空间。二是抱团打造"莆田鞋"世界级区域品牌集体商标。整合区域企业的技术和供应链优势，赋能当地零散自创品牌。中国轻工业联合会、中国皮革协会授予莆田市"中国鞋都"称号，以协会为托底打造公共品牌，打消从业者对创牌风险的顾虑，推动"区域公共品牌+企业品牌"雁阵建设，以品牌引领产业升级。三是围绕莆田优势产业特色，建立产业互联网平台，整合资源、集合要素，打通集采集销供应链渠道，上线省级鞋服产业供应链平台，配套订单、生产、物流、财务等多方面信息，协同直播电商行业协会拓展内销市场。2022 年，莆田鞋服企业达 4200 余家，带动 50 万余人就业；鞋业规模产值超 1207 亿元；鞋年产量 16 亿双，占福建三分之一、近全国十分之一。

三、稳进型：山东、安徽制造从规模扩张向质量效益提升稳进

（一）深化新旧动能转换，推动传统制造业提档升级

绿色低碳发展是新旧动能转换必须遵循的原则，山东、安徽等制造业稳进发展的城市着力探索转型发展之路，加快推动绿色低碳的高质量发展，进一步增强区域发展活力动力。

山东面对能耗指标紧缺，首先在政策方面加大创新力度，出台《山东省"十四五"节能减排实施方案》《山东省碳达峰实施方案》《山东省能耗指标收储使用管理办法》等文件，部署新旧动能转换时间表，计划"一年全面起势、三年初见成效、五年取得突破、十年塑成优势"，建立"要素跟着项目走"机制，保障重点项目能耗煤耗要素配置。其次在能源调整方面，一是落实"三个坚决"，大力发展"四新"经济，做优做大"十强"产业，深入实施新旧动能转换重大工程，从源头减少能源消耗总量。二是通过严格控制16个"两高"行业，累计治理"散乱污"企业超11万家，压减粗钢、焦化产量超2500万吨，整合转移地炼、水泥产能3900万吨，关停低效煤电机组939千瓦，腾出能耗指标上千万吨，换取新动能加快成长空间，实现高新技术产业产值占比达到46.8%，"四新"经济投资占比超50%、四年提高10%，"十强"产业产值增长近20%。三是充分发挥多样化运输优势，调整构建"宜铁则铁、宜公则公、宜水则水"的综合运输格局，2020—2022年全省铁路货物发送量增长34.1%，公路货运量降低27.9%，铁路集装箱多式联运发送量增长近两倍，显著提升供应链运输体系节能降碳水平。

> **专栏6-5　山东新旧动能转换方案**
>
> 一是"三个坚决"。坚决淘汰落后动能，以率先实现碳达峰碳中和为目标，以经济社会发展全面绿色转型为引领，淘汰"高耗能、高污染、

> 高排放、高风险"落后产能，进一步健全并严格落实环保、安全、技术、能耗、效益标准，分类组织实施转移、压减、整合、关停任务。坚决改造提升传统动能，以高端化、智能化、绿色化为重点，聚焦五大传统优势产业及纺织、建材建筑、体育等代表性产业，创新运用大数据、云计算、人工智能、5G等先进技术手段，大力开展改造提升工程，滚动实施"万项技改""万企转型"计划，推动产业基础再造，促进全产业链整体跃升。坚持壮大新动能，推动规模扩大、增量崛起。围绕五大新兴产业和未来产业，深入实施战略性新兴产业培育工程，大力发展数字经济，加快构建高质量发展新引擎。
>
> 二是规划发展"十强"产业。在新旧动能转换中，山东规划了"十强"产业，分别是新一代信息技术、高端装备、新能源新材料、现代海洋、医养健康、高端化工、现代高效农业、文旅产业、现代轻工纺织、现代金融服务。

安徽在推动制造业能源革新、低碳转型方面加快构建绿色制造体系，发展节能环保产业。一方面，安徽推动节能增效，提前两年完成国家下达的安徽省"十三五"时期钢铁去产能任务，推动锅炉清洁能源替代，减少原煤使用量43万吨，关闭30万吨及以下小煤矿，促进污染源头减量。另一方面，安徽发展绿色产业，实施"五个一百"提升行动，单位工业增加值能耗下降41.3%，节能环保产业年均增长20%、产值年均增长17%。另外，安徽还走出了区域碳中和与乡村振兴聚合发展之路。以枞阳县汤沟河为例，由于长期高密度养殖河蚌，水域环境遭到破坏，如今该地以多产互融的"光伏+"电站为载体，采用"板上发电、板下养殖"方式，实现产业融合协同发展，在项目地进行水体保护、绿电输出，大幅改善长江水生态，提高区域利用效率，促进当地就业，壮大集体经济发展，在养殖业和制造业效益共融的同时稳健推进乡村振兴。

（二）推进制造模式变革，推动制造业实现提质增效

要推进制造业转型升级、增强核心竞争力，须紧跟新一轮科技革命和产业变革大势。山东将提升智能制造能力、推动制造业数字化转型作为制造业模式变革的首要大事，安徽通过赋权改革，促进科技成果产业化，全面加速制造业创新发展。

山东制定制造业数字化转型"路线图"，开展"云行齐鲁、工赋山东"专项行动，建设山东半岛工业互联网示范区，全面加快数字化转型。在夯实数字新基建方面，山东开通运行济南、青岛国家级互联网骨干直联点，成为国内首个通信"双枢纽"省份，累计开通 5G 基站 16.2 万个，完成 5600 千米确定性骨干网络 2.0 建设升级，性能指标达到国际领先水平。上线物联网标识解析公共服务平台、工业互联网综合服务平台，建设"1+3+34""山东工业云"体系，累计建设运营标识解析二级节点达 38 个，接入国家顶级节点 21 个，标识注册量达 330 亿个，终端用户超 1.29 亿户，居全国第四，终端接入流量累计 4.5 万 TB，居全国第一。在加强数字经济产业化方面，山东以中国算谷重大产业生态项目为载体，依托比亚迪半导体等重点项目，推动集成电路全产业链发展，通过华为创新中心、百度基地等平台赋能，构建国产化数字产业生态，培育数字产业集群。截至 2022 年年底，山东省信息技术产业实现营收超 15000 亿元，增长超 18%。在推广工业平台融合应用方面，山东成立工赋（山东）数字科技有限公司，建设国家级平台应用推广中心，推广"平台+新技术、平台+新模式、平台+新场景"解决方案，全面引领制造业数字化转型。培育海尔卡奥斯、浪潮云洲、橙色云、蓝海等 7 家"双跨"平台，服务全国上云上平台企业超 200 万家，全省工业云平台应用率超六成。2022 年累计开展举办峰会论坛、场景路演、供需对接等活动 26 场，对接企业 3000 余家，达成数字化转型合作项目 280 余个，两化融合发展指数达 117.5，关键业务环节数字化率达 70.5%，生产设备数字化率达 58.7%。

安徽一方面创新转化体制机制，激发成果转化动力，以提升科技成果转

化效率为发力点，将中国科学技术大学作为赋权改革试点，形成"赋权+转让+约定收益""平台+批量"的应用体系，赋予科研人员职务科技成果所有权或长期使用权，推动科技成果从"试验场"走向"大市场"。作为我国科技体制改革的重要"试验田"，安徽全省高新技术企业数量在十年内增长了一个数量级。另一方面，安徽建立科技成果供需对接平台，打造具备风投、孵化等功能的"羚羊"工业互联网平台、安徽科技大市场等工业互联网科产平台，深化全链条合作，形成"政产学研用金"六位一体科技成果转化服务体系，破解"转什么""谁来转""怎么转"难题，达成为制造业"造血"目的，实现年营收超千万元，已促成项目交易额近千亿元，为安徽高质量跨越式发展增添新动能。

专栏 6-6　安徽依托"羚羊"工业互联网平台推进产学研深度融合

安徽在《关于依托工业互联网平台推进产学研深度融合的实施意见》中提出，依托"羚羊"工业互联网平台，加快推动先进适用科技成果入驻对接，以进一步集聚各类创新资源，促进创新要素优化配置，实现企业、高校和科研院所等产学研主体的深度融合。发挥平台资源整合作用，通过平台实现科研力量、企业技术需求、各类创新要素市场化配置，实现创新链、创业链、产业链、人才链、资金链一体化整合。促进科技成果上平台，全面梳理具有自主知识产权的科技成果，推进安徽省科技成果登记系统、安徽省网上技术市场等系统与"羚羊"工业互联网平台完成后期数据共享端口对接，确保数据资源的持续性传输和共享共用。鼓励科研人员个人成果上平台，与产业发展需求对接，将科研活动转化为经济效益。

（三）坚持以品质树品牌，推动制造业产业链价值跃升

品牌是推动制造业产业链价值跃升的核心要素之一，山东以"好品山东"品牌建设赋能制造业价值链延伸；安徽培育"皖美品牌示范企业"，促进长

三角制造业品牌高质量发展。

山东通过推进"好品山东"区域公共品牌培育，释放聚合效应，2022年首批"好品山东"品牌企业全年净利润总量超千亿元，品牌价值近50000亿元。一方面，山东积极创建全国标准化综合改革试点省，发布《制造业高端品牌企业培育》《"好品山东"区域公共品牌培育管理办法》等，完善品牌标准架构，围绕品牌战略、价值、推广、创新、保护五个方面，建立制造业高端品牌企业培育的评价指标体系，建设由基础标准、技术标准、应用标准组成的品牌标准体系，为山东培育优质高端品牌提供依据，扩大山东品牌影响力。另一方面，支持企业实施品牌战略，提高品牌运营能力，依托中国品牌日、港澳山东周、质量月等活动，充分展示山东制造业质量文化，增强消费者对"好品山东"的品牌认同，营造"山东制造"品牌形象，提高品牌知名度。

安徽通过质量品牌升级行动，为"三地一区"建设蓄势赋能。一是建立"皖美品牌示范企业"培育评价标准体系，通过对国内外品牌培育先进标准的跟踪比对，鼓励"皖美品牌示范企业"主导或参与国内外先进标准制修订，以高标准引领安徽品牌提质增效升级。二是在安徽传统优势产业、战略性新兴产业和现代服务业中，梯次遴选行业龙头骨干企业等"皖美品牌示范企业"创建工程对象，实施以质取胜发展战略，提高产品、服务档次和附加值。三是推动"皖美品牌示范企业"与"上海品牌""江苏精品""浙江制造"区域品牌交流合作和互认，探索建立长三角跨区域品牌培育创建和推广、保护协同机制，促进长三角制造业品牌高质量发展。

四、我国制造业品质提升典型模式的启示

（一）构建以质量品牌为核心的竞争优势是典型地区提升制造业品质的共同特征

质量和品牌是制造业乃至国家核心竞争力的象征，贯穿建设制造强国的

整个过程。质量方面，一是要制定质量标准，可借鉴山东、安徽制定行业标准架构和品牌培育标准，塑造质量品牌认定规范体系；二是要激励符合质量标准的品牌开展质量文化推广，在行业中发挥引领示范作用；三是要坚定消费者对我国制造业质量的认可度。品牌方面，一是要支持企业品牌创新发展，强化企业市场意识，可借鉴福建塑造一批有特色、有内涵、有创意的品牌形象，推动中华传统文化元素与年轻时尚消费潮流相结合；二是要提高企业品牌国际运营能力，借鉴浙江支持品牌出海，建立研产销服一体化全链条体系，增强全球消费者对中国品牌的认同感。

（二）创新引领、数字赋能、锚定全球是强龙头型地区制造业品质提升的重点

强龙头型地区要巩固制造业发展基础，增强人才、资源等虹吸效应。一是突出地方优势，布局新兴制造业。可借鉴上海"无中生有"孵化培育原始创新型未来产业。发挥教育、金融、产业基础等优势，整合从基础研究、技术研究、应用研究到产业化的全流程要素资源，推动颠覆性技术从创新链走向产业链。二是加快数字产业化和产业数字化建设。利用智能基础设施丰富、数据活跃和场景多样的优势，由"点"及"链"及"圈"塑造制造业数字生态。深化智能产品应用，推广核心工业软件、工业级智能硬件和智能机器人加工中心。发挥优秀民企主力军作用，加速数字化平台服务中小企业转型。三是增强以创新为核心的竞争力。实施产业基础再造，持续推进工业强基。加强创新平台及主题建设，攻克关键核心技术。加强科技成果转化和应用示范，疏通基础研究、应用研究和产业化双向链接的快车道。

（三）价值链延伸、精品制造、品牌培育是跨越型地区制造业品质提升的核心

跨越型地区应把握发展契机，利用产业垂直分工和延伸性，与强龙头型地区形成错位分工、优势互补、融合配套的区域发展格局。一是重构价值链以实现制造业服务化转型，纵向延伸服务环节，增加制造业服务环节价值，横向拓展价值活动，培养核心增值能力。构建生产型服务和服务型制造的合作平台，实现服务与制造环节的紧密连接。二是培育先进制造业集群。深化"亩均论英雄""腾笼换鸟"改革，抓好产业基础再造和产业链提升工程，转变制造业发展方式。三是强化全球产业合作。提高国际标准和国外先进标准采用率，以高标准引领制造业质量基础高级化。加速全球营销网络建设，帮助企业拓展海外市场。

（四）动能转换、智改数转、品质品牌并行发展是稳进型地区制造业品质提升的关键

稳进型地区在加速传统制造业升级的同时，需要培育新兴产业，加速智能制造转型。一是打造新兴地标产业。可借鉴安徽大力发展光伏产业，助力制造业绿色低碳转型，实现新旧动能转换，推动制造业与生态环境协调发展。二是加强新基建布局。可借鉴山东不断释放数据要素的转型带动作用，以"一业带百业"，奠定工业互联网发展基础，加快传统企业升级步伐，推动制造业"智改数转"发展。三是加强品牌监督保护。构建完整的品质品牌认证体系，并对企业严格监管，可借鉴"好品山东"建立动态管理机制，维护良好品质品牌形象。

CHAPTER 7 第七章
我国制造业品质革命需解决的核心问题

一、高质量强品牌发展是制造业品质革命的突破重点

（一）研发创新投入需加强，产品科技附加值有待进一步提高

2022年，我国研发投入强度为2.54%，而美国的研发投入强度在2018年就已突破3%，我国研发投入强度也与德国、日本等国存在一定差距，在世界上位列第13。制造业是技术创新的主阵地，我国制造业企业研发投入强度较低，国内头部企业研发投入较国际头部企业差距较大，如传统优势产业中，安踏、李宁等企业的研发投入强度为1.5%～2.5%，远不及耐克、阿迪达斯的5%～10%。又如战略性新兴产业中，我国医药工业龙头企业与国际巨头相比，研发投入相差10余倍。在欧盟委员会发布的《2022年全球企业研发投入排行榜》中，美国入围前100位的企业有37家，年度研发投入超过200亿欧元的3家企业均来自美国；我国入围19家，上榜企业数量排名第二，高于德国和日本，然而19家企业中仅有5家企业的研发投入入围世界前50，与美国差距较大，也不及德国和日本。

基础研究是国家科研最重要的领域之一，是原始创新的重要来源，体现出国家创新的实力和活力。当前，我国制造业部分关键核心技术受制于人的局面尚未得到根本改变，其症结很大程度上就在于基础研究不强。《2022年全国科技经费投入统计公报》显示，2022年我国基础研究经费占比为6.57%，而美国、德国、日本等国的基础研究经费占比基本保持在12%～23%，我国要达到与之相当的水平，仍需持续追赶。目前，我国在基础材料、基础软件等"五基"领域有待加快突破，部分制造业产业链关键环节依赖国外供给，超大规模市场优势尚未转化为核心技术的创新动力。例如，近年来我国芯片发展备受打压，华为作为美国针对我国的首要对象，在芯片断供的背景下，其手机业务受损，一度跌出了市场前五的位置。

要保持制造业的发展，必须提高制造业的附加值。近年来，我国对制造

业的科技创新投资稳步上升，但我国制造业的科技发展速度仍需进一步提升。以中美贸易结构为例，从各类商品出口总量来看，我国对美出口优势依旧集中于低技术制造业，以机电产品和纺织制品、塑料制品、橡胶制品等劳动密集型产品为主，其中机电产品占绝对优势，2022年贡献了出美总额的43.36%。此外，目前我国企业技术创新能力仍有待提升，尤其是企业对基础研究的重视不够，缺乏重大原创性成果，制造能力大多仍处于中低端水平，产品的科技附加值远远不足。

（二）低端过剩、高端不足的矛盾需缓解，优质产品有效供给有待进一步加强

近年来，我国制造业产品供给体系质量和效益显著提升，但部分环节还存在短板，结构性供给不足问题仍然存在。我国制造业面临低端产品供给过剩、高端产品供给不足的矛盾，部分领域产品升级创新不够，技术含量高、附加值高等处于市场旺盛期的商品市场供应不足。以新能源汽车为例，由于电池快充、安全性、智能化等技术水平与国际品牌存在较大差距，消费者对国产新能源汽车普遍缺乏高端认同感。据乘联会数据，2022年自主品牌新能源汽车国内零售份额不足50%。此外，当前我国制造业还面临先进基础材料供给质量参差不齐、关键战略材料受制于人、前沿新材料技术有待突破等问题，难以为制造业品质提升提供坚实支撑。据工业和信息化部数据，在130余种关键基础化工材料中，我国有32%的品种仍为空白，52%的品种仍依赖进口。

（三）品牌定位和价值评估体系需健全，国际影响力和占有率有待进一步提升

我国制造业品牌定位和核心价值较美国、德国、日本等制造强国尚存一定差距，部分品牌定位不清晰，品牌产品与推广同质化严重，缺乏将大单品、品牌核心价值做大做强的运营体系，品牌市场影响力和占有率不高。以传统

优势产业为例，尽管我国纺织服装产业已处于国际领先水平，但国内运动服装市场仍被国际巨头耐克、阿迪达斯抢占了40%的份额。同时，我国制造业企业品牌新零售渠道拓展和建设方面有待加强，大部分国产品牌尚未建立以消费者需求为中心、以数据驱动品牌发展的新零售业态，产销分离、高库存现象严重，依托大数据洞察市场需求的能力较美、欧、日品牌仍显不足。此外，我国制造业企业品牌知识产权保护力度有待加强，品牌维权成本较高，对侵权行为的打击力度不够，知识产权布局较国外品牌仍有差距。《2022年全球创新指数报告》显示，2021年我国品牌总价值达1.9万亿美元，全球排名第18位。

二、我国制造业品质提升不平衡问题较突出

（一）区域间制造业品质提升水平差距较大

近年来，我国整体制造业的品质提升取得显著成效，但区域间制造业品质提升水平不平衡且相差较大。目前，京津冀、长三角、粤港澳大湾区、成渝地区等区域制造业品质提升成效显著，而东北、西北等区域制造业品质尚存较大提升空间，且差距呈进一步扩大态势。

从结构优化和发展质效看，京津冀三地在协同发展战略的驱动下，产业转型升级和转移对接取得积极成效。北京高精尖产业快速发展，高精尖产业增加值占地区生产总值的比重达30%以上；天津构建以智能科技产业为引领的现代化产业体系，国家级企业技术中心累计达77家；河北产业转型升级试验区建设取得重大成效。长三角三省一市深化区域制造业产业链合作对接，制造业一体化发展不断向纵深推进，制造业品质水平持续增强。长三角地区贡献了全国1/4的工业增加值，集成电路产业规模占全国60%，生物医药和人工智能产业规模均占全国1/3，新能源汽车产量占全国38%。粤港澳大湾区先进制造业快速发展，2021年粤港澳大湾区内地

九市高技术制造业增加值增速为 16.17%，规模以上工业企业研发投入强度达 3.7%，高于全国平均 2.37 个百分点。相比之下，东北地区制造业传统产业转型升级步伐较慢、高新技术产业等新动能发展不足，大多数制造业企业处于产业链上游或者中低端，产品附加值低，且东北地区制造业核心功能部件对外依存度高、重大科技创新平台支撑不足，其制造业品质提升空间较大；西北地区制造业产业结构单一，技术创新转化为生产力的效率低、规模小，高附加值产品竞争力不强。

从品牌建设看，我国区域间制造业品牌发展水平存在较大差距。2022 年 GYbrand 发布的《中国最具价值品牌 500 强》显示，长三角、粤港澳、京津冀等地区是我国最具价值品牌的主要聚集地，共有 336 个品牌入选，占比达 67.2%。其中，以北京、天津为中心的京津冀城市群，上榜企业占比 22%；以上海为核心的长三角城市群是中国城市化程度最高、城镇分布最密集、经济发展水平最高的地区，上榜企业占比 24%；以广州、深圳、香港为中心的粤港澳大湾区是亚太地区乃至全球最具活力的经济体之一，上榜企业占比 23%。相比之下，东北、西北等地区品牌建设较为落后，在中国最具价值品牌 500 强榜单中上榜企业不足 5%，山东半岛、长江中游等地区虽然略好，但占比也不足 10%，品牌建设仍需进一步加强。2022 年中国最具价值品牌 500 强区域、城市分布如图 7-1、图 7-2 所示。

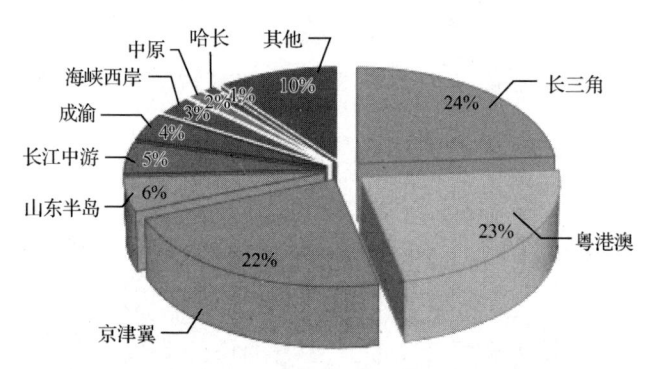

图 7-1 2022 年中国最具价值品牌 500 强区域分布

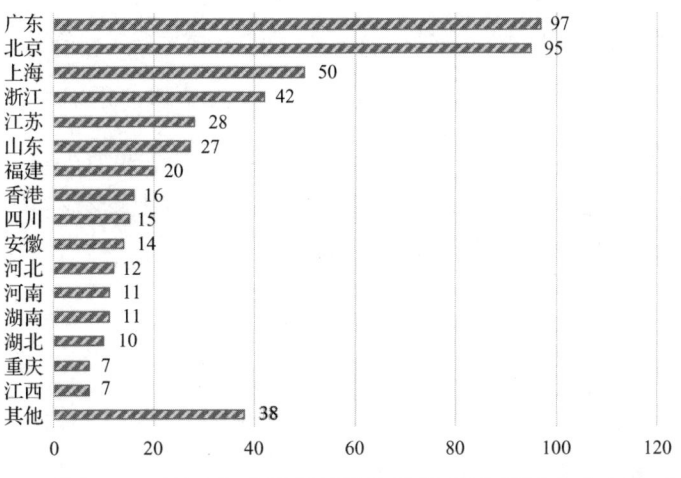

地区	数量
广东	97
北京	95
上海	50
浙江	42
江苏	28
山东	27
福建	20
香港	16
四川	15
安徽	14
河北	12
河南	11
湖南	11
湖北	10
重庆	7
江西	7
其他	38

图 7-2　2022 年中国最具价值品牌 500 强城市分布

（二）行业间制造业品质提升程度参差不齐

目前，我国制造业在全球产业链供应链中的影响力持续攀升，但制造业各行业发展水平有所差异。我国制造业服装、家电和家具"老三样"的品质持续优化，持续推进产业转型升级，制造水平已达到世界领先，具有较强国际影响力。同时，近年来我国制造业电动汽车、光伏和锂电池"新三样"正在崛起，实现量质齐升。据统计，2022 年我国光伏装机容量约 90 吉瓦，占全球的 40%；动力电池装机容量约 300 吉瓦，占全球的 60%；电动汽车销量约 600 万辆，占全球销量的六成以上，国际影响力持续增强。但与之相比，我国在工业机器人、仪器仪表、数控机床等高端制造领域的技术和品质仍有较大上升空间。例如，在工业机器人、仪器仪表、数控机床等领域，我国仍处于产业链中低端，2023 年我国 90% 的高端机器人需要从德国、日本、瑞士等国家进口，高端仪器仪表基本从国外进口，高端制造领域使用的高端机床基本从美国、德国、日本等国进口。

此外，各行业品牌建设情况也存在较大差距，如在 2022 年中国最具价值品牌 500 强榜单中，以茅台、五粮液为代表的食品饮料行业共有 52 个品牌入选（排名第一），总价值 2.41 万亿元（排名第三）；以华为、京东方为代表的通信电子行业共有45个品牌入选（排名第二），总价值2.54万亿元（排名第二）。同时，我国制造业价值千亿元级的品牌，如华为、茅台、五粮液、伊利、海尔、比亚迪、海康威视等，主要集中在通信电子、食品饮料、家电等行业；其他行业在上榜品牌数量及品牌价值上均有待进一步提升。2022年中国最具价值品牌500强行业分布如图7-3所示。

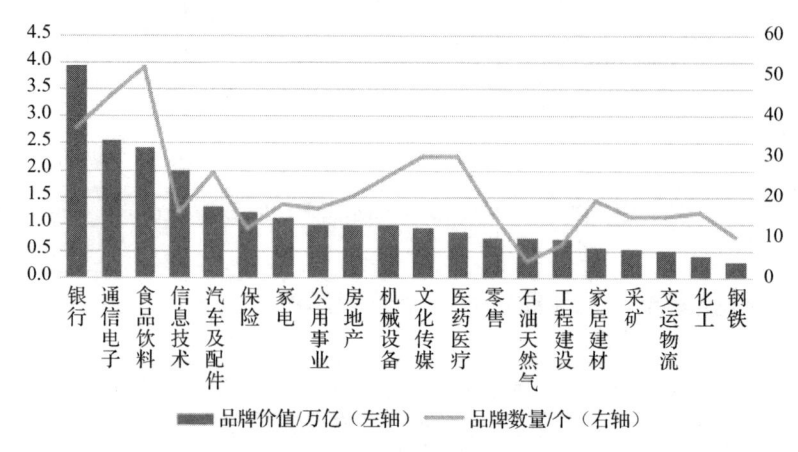

图7-3　2022年中国最具价值品牌500强行业分布

三、我国制造业品质提升动能有待提振

（一）科技创新生态体系仍需完善，与实现制造业高端化转型的要求仍有相当差距

近几年，新一轮科技革命和产业变革兴起，推动全球制造业创新链产业链发生深刻变革。科技创新是系统工程，需要研发、产业、金融、人才等环节相互支撑。新形势下，要推动我国融入全球产业链中高端，实现制造业高端化转型须重视基础研究、技术攻关、成果转化、科技金融、人才支撑等全过程创新生态链。但我国科技创新链与产业链融合程度仍有待强化，基础研究短板较为突出，科学研究、应用研究和产品开发的渠道不畅，产学研协同创新缺乏动力，科研成果转化率低，这在一定程度上影响了我国制造业向产业链价值链中高端迈进的步伐。以氢储能技术为例，我国已是世界上最大的

制氢国,但催化剂和质子交换膜等关键材料仍未实现规模化生产,核心技术指标相对落后。原创性前沿性的先进技术领域创新投入不足、研发人才缺乏、创新平台建设和应用尚不充分等问题仍然存在,制造业高端化转型升级所需的诸多关键核心技术有待突破,如我国制造业企业在多个领域达到国际先进或同等水平,但产品却是由国外机床生产的,这反映了我国制造业向高端化迈进的短板和缺失。此外,我国科技创新速度和推广应用程度尚不能有效满足制造业向全球产业链高端迈进的需求。因此,需要构建科技创新生态体系,强化科技创新对制造业高端化转型的支撑作用。

(二)全要素生产效率有待提高,数字赋能制造业智能化改造尚未全面铺开

全要素生产率是要素投入转化为产出的总体效率,决定着经济内涵型发展程度和潜在增长率,其本质是技术、人才等要素质量和资源配置效率。多年来,我国制造业快速发展主要靠的是劳动资本要素生产率的提高,但全要素生产率与发达国家相比还有明显差距。当前乃至未来,要推动制造业品质提升的潜力就要依靠全要素生产率的提升。2014 年以来,中国经济步入新常态阶段,传统的人口红利优势日渐式微甚至开始逆转,需要依靠全要素生产率提升促进发展。潘恩世界表显示,2014 年我国全要素生产率只相当于美国 43%的水平,根据测算,我国全要素生产率年均增速要达到 2.7%,到 2035 年才能达到美国 60%的水平(假设美国未来全要素生产率增速为 1%),而我国在 2022 年的全要素生产率增速不足 2%,在未来实现 2.7%的全要素生产率增速并非易事。党的十九大报告首次作出中国经济已经由高速增长阶段转向高质量发展阶段的重要论断,强调要推动经济发展质量变革、效率变革、动力变革,提高全要素生产率。党的二十大报告也再次纳入并强化了"着力提高全要素生产率"这一重要表述。同时,当前大数据、云计算、人工智能等新一代信息技术加速迭代,与经济社会各领域特别是制造业深度融合,将有效促进传统产业转型升级、新兴产业培育和未来产业的布局发展。但目前数字赋能制造业智能化改造尚未全面铺开,受资金、人才等要素制约,多

数企业数字化智能化转型程度不充分，未充分释放数字赋能对制造业品质提升的促进作用；行业间、区域间数字化智能化转型也存在不平衡不充分的问题，传统行业、经济欠发达地区制造业企业数字化智能化转型程度较新兴产业和经济发达地区而言存在较大差距，未享受到数字赋能带给其制造业的量质提升红利，这也在一定程度上加大了行业间、区域间制造业品质水平的差距。因此，制造业品质革命的推进，需要着力提升全要素生产率，支持企业开展数字赋能型的技术改造，提高生产的质量效益，并通过数字化信息化手段改造产业链供应链，使产业上下游形成衔接紧密、需求响应迅速、协同效应强劲的新型关系。

（三）碳排放双控下传统能源资源优势有所弱化，制造业绿色化转型需求迫切

随着碳达峰碳中和时间节点的确定，我国已逐步进入以降碳为重点战略方向的关键时期，从能耗双控向碳排放双控转变有序推进。我国制造业能源消费结构仍以煤炭为主，但煤炭单位热值含碳量较高，是石油的1.3倍、天然气的1.7倍，碳排放双控背景下我国传统能源资源优势逐渐减弱，驱动我国制造业加快摆脱高碳能源资源发展路径。此外，我国制造业能源资源综合利用效率相比美国、德国、日本等国偏低，现阶段我国制造业单位增加值能耗约为日本的6倍、德国的4倍、美国的2倍。因此，在碳排放双控下推进制造业品质革命，从工业经济发展实际出发，处理好"工业经济稳定运行""保持制造业比重基本稳定""两高一资产业发展"同全面推进碳达峰碳中和的关系，既要避免因追求碳减排目标可能导致的制造业产业空心化问题，也要避免部分地区、企业在经济发展压力下走回高碳发展老路。这要求制造业改变以能源资源消耗为支撑的传统制造模式，全面推进绿色制造，以制造模式的深度变革推动传统产业绿色低碳转型升级，引领新兴产业高起点绿色发展，协同推进降碳、减污、扩绿、增长，更多参与全球低碳产业链和价值链，使绿色成为制造业品质提升的底色。

CHAPTER 8 | 第八章
我国制造业品质革命的推进路径

一、总体推进路径

(一)总体思路和目标

制造业品质革命是效率变革、动力变革的集成,效率变革是对市场资源的高效率整合,动力变革把资源优势培育成产业优势,品质变革是提升全要素生产率的必然选择。品质变革是主体,效率变革是主线,动力变革是基础,以效率变革、动力变革促进品质变革,是制造业走向转型升级高质量发展的必由之路。本书基于对制造业品质革命发生机理的分析和总结,以及对国际经验的梳理和借鉴,总结影响我国制造业品质革命的关键因素,通过对不同类型区域品质革命的特征分析,探索我国制造业品质革命的核心内容、总体路径及不同条件和区域情况下的推进路径,寻求推动中国制造向中国创造转变、中国速度向中国质量转变、中国产品向中国品牌转变,实现我国从制造大国向制造强国转变的品质革命之路。

综合本书第五章对我国当前制造业品质革命进程指数的测度和进程分析,对 2025 年和 2030 年制造业品质革命主要指标进行预测,相关指标结果如表 8-1 所示。

表 8-1 制造业品质革命主要指标结果

一级指标	二级指标	2018 年	2022 年	2025 年 E	2030 年 E
结构优化	高技术制造业增加值占规模以上工业增加值比重/%	13.9	15.5	16.8	22.3
	装备制造业增加值占规模以上工业增加值比重/%	32.9	31.8	32.5	33.1
	高新技术产品出口额占货物出口额比重/%	30.1	26.5	28.2	32.1
	新产品销售收入占主营业务收入比重/%	18.6	22.7	26.4	33.8
发展质效	制造业产品质量合格率/%	93.9	93.3	95.1	97.8
	制造业全员劳动生产率/(元/人)	123248	152977	179891	235678

续表

一级指标	二级指标	2018年	2022年	2025年E	2030年E
发展质效	制造业增加值增长率/%	6.5	3.0	4.0	6.5
	制造业单位增加值能耗/(千瓦时/元)	0.135	0.127	0.119	0.110
	全国工业企业关键工序数控化率/%	48.7	58.6	67.3	84.8
	数字化研发设计工具普及率/%	68.7	77.8	85.4	98.2
品牌建设	世界知名品牌数量/个	38	45	51	63
	中国最具价值品牌500强平均品牌价值/亿元	429	520	601	764

注：制造业单位增加值能耗用制造业单位增加值电耗数据计算（千瓦·时/元）。

（二）总体推进路径

夯实制造业设计基础和数字化升级。一是强化制造业设计理论基础研究。强化工业设计理论、基础数据积累、设计规范、设计标准、设计管理、设计验证等基础工作；加大对设计创新项目和工业设计软件基础研究的支持力度；强化产品安全性、功能性、可靠性、环保性等标准要求。二是推动制造业设计数字化升级。加强设计理论研究，推动设计工具的开发，注重设计数据的积累，促进制造业设计更加敏捷、高效、开放；提升制造业设计的网络化、智能化水平；鼓励制造业设计商业模式的创新，加快发展协同设计、交互设计等新业态，不断丰富设计的定义和内涵，拓宽服务范围，提升服务品质，增加服务的附加值。

推动重点领域设计突破。一是提升传统优势行业设计水平。运用新材料、新技术、新工艺，结合人工智能和数字化技术，在轻工纺织、汽车、工程动力机械、电力装备、石化装备、重型机械和电子信息等具有一定比较优势的产业，实现设计优化和提升。二是提升高技术产业设计能力。在5G、航空母舰、航空发动机、高端医疗装备、高速动车组、能源装备等重点领域提升产业中间产品的供给能力，加大对关键材料、零部件的设计开发，提高产品系统性、集成性的开发设计能力，增强对全球供应链中原材料、零部件等供应商的吸引力；通过产业共性关键技术研究，向高技术含量和高附加值的产品领域攀升；全面增强终端产品的开发设计、生产制造等方面能力，全方位提升产品性能，增强复杂产品的集成能力，有力支撑质量强国、航天强国、交通强国、网络强国、数字中国建设。三是推进系统设计和生态设计。积极推进系统设计与系统仿真技术研发，有效带动原始创新；基于产品全生命周期的评价，加强产品在原材料获取、产品设计、生产制造、消费使用及回收过程中的绿色设计；发展循环经济，鼓励开展废弃物回收利用，通过设计创新提升废弃物加工转化设备的效能；推进绿色包装材料、包装回收利用体系设计。

专栏 8-1　重点领域设计升级

一是高端装备制造业关键设计能力提升。在高档数控机床和机器人领域，重点突破系统开发平台和伺服机构设计，多功能工业机器人、服务机器人、特种机器人设计等。在轨道交通领域，重点突破列车转向架、高速列车车轴设计，列车车体材料、结构和内部布局及辅助设备设施优化设计，先进城市有轨电车、中低速磁悬浮、跨座式单轨、市郊通勤动车组等新型轨道交通工具设计。在航空航天领域，重点突破飞机气动及结构、航空发动机、机载设备及系统、无人系统、火箭发动机等系统关键设计。在电力装备领域，重点突破燃气轮机整体设计、核心热端部件设计，现役装备热端部件的修复及优化升级设计，特高压交直流关键装备设计等。在节能与新能源汽车领域，重点提升关键装备、核心装置、新工艺技术、系统集成平台（软件）等设计能力，形成指导汽车工装设计的标准化规范或导则。

二是传统优势产业设计升级。在消费品领域，支持新型纤维材料、产业用纺织品、服装鞋帽、玩具、日化品等设计创新；鼓励建设人体体型数据库、标准色彩库、面料数据库，发展人体工学设计，加强流行趋势研究，提升产业竞争力。在造纸、印染、皮革、家装材料、涂料等行业推广智能配方管理系统，优化产品原料选择和配方设计；支持家电、家具、消费电子等行业应用三维建模、模拟仿真、虚拟测试等技术，开展产品设计、功能开发、工艺优化和测试场景应用；加强智能家居产品的系统化和集成化设计，提高产品体验度。在电子信息领域，大力发展人工智能时尚创意设计，仿真模拟系统、个人计算机及智能终端设计等。在汽车领域，推动关键零部件、新能源汽车动力电池和充电系统设计，电池安全性及寿命研究开发，电池回收利用系统研究设计，乘用车及冷链物流车、消防车等专用汽车设计。

三是加强重点产品绿色设计。在节能家电、高效照明、绿色包装、环保家具、日化产品、纤维制品等领域推广绿色低碳产品，提升产品全产业链绿色设计水平，增强消费体验，提升对资源环境的保护效益；以数据为驱动，推进家具、家电、家装材料、新能源电池、印染、皮革、造纸、化学原料药、洗涤用品等行业绿色改造提升，提高产业门槛，加快相关标准的制修订，推广应用绿色工艺技术和能源管理体系，实现资源能源动态监测和优化管理。

高标准打造国家制造业创新中心。围绕国家战略需求和以新一代信息技术、新能源、新材料、生物医药、绿色低碳等交叉融合为特征的新一轮科技革命和产业变革大趋势，充分发挥新型举国体制优势，在关键核心技术创新上持续加力发力，围绕产业链部署创新链，围绕创新链完善资金链，瞄准制造业发展薄弱环节，打造高水平、有特色的国家制造业创新平台和网络，形成以制造业创新中心为核心节点的制造业创新体系。要攻克解决一批行业发展的共性关键技术瓶颈，转化推广一批先进适用技术和标准，积累储备一批核心技术知识产权，培养一批技术创新领军人才，实现制造业高质量发展。

优化产品供给品类和质量。在消费品、装备、原材料等领域开展品质革命提升行动，加大产品品质提升和技术创新。围绕重点消费品、新能源汽车、机器人、智能终端等领域开展产品与行业质量状况调查，对标国际优质品牌制定具有针对性的品质提升方案。深入实施《数字化助力消费品工业"三品"行动方案（2022—2025年）》，全面提升消费品领域数字化水平，以增品种、提品质、创品牌（"三品"）为抓手，提升供需匹配，推动产品从生产端符合型向消费端适配型转变。支持农副产品加工、纺织服装、家具家居等行业企业开展数字化改造升级，利用数字技术赋能"增品种、提品质、创品牌"，以创新供给引领消费需求。聚焦食品、纺织服装、医药等领域，全面推行生物制造等新型制造方式，利用合成生物学、基因工程、酶工程等现代生物技术，加快新材料、新技术开发利用。围绕农副食品加工、橡胶和塑料制品、造纸和纸制品、化学纤维制造、纺织业等能源消耗相对较高的行业，推进以绿色材料、清洁生产、绿色认证、循环发展等为核心的全产业链绿色转型发展，推广应用绿色关键技术和设施装备，加强产品前瞻性功能研发，扩大优质新型消费品供给。

加强关键领域标准建设。加快关键领域标准制修订工作，推动产品质量、性能、安全性、环保及能耗要求与国际接轨。重点制定新能源、新材料、智能网联汽车、高端装备、生物医药及高端医疗装备、安全应急装备等战略性新兴产业的产品、技术与管理标准，家居家电、消费电子等的关键零部件的功能性、可靠性与能耗标准，先进医疗装备、工程机械、食品机械、纺织服装、玩具产品、涂料、健康食品、乳粉等产品的安全标准，以及软件产品及其测试标准。

实施制造业卓越质量工程。一是推进落实《质量标准品牌赋值中小企业专项行动（2023—2025年）》，坚持质量提升与技术标准、知识产权建设等一体化推进，推动企业建立先进质量管理体系，推广企业质量管理能力评价标准，支持开展质量管理能力分级评价。二是提升以可靠性为核心的产品质量。落实制造业可靠性提升实施意见，深化质量工程技术创新应用，普及可靠性设计，推广精益制造、质量管理数字化等先进质量工具和方法，增强企业产品功能、性能及质量一体化的设计水平，提高以可靠性为核心的产品质量，增加高品质产品和服务供给。三是加强产业质量基础设施能力建设，提高公共服务的效能。打造一批高水平的工业产品质量控制和技术评价实验室服务平台，建设产业技术基础公共中试能力，加强质量应用技术研究和标准的研制，提供技术熟化、样品试制、数据模拟、场景应用、工艺改进等中试服务，以及质量诊断、质量监测、培训咨询等公共服务，为制造业产品的质量提升提供有力支撑。

增强工业品品牌发展能力。大力实施品牌发展战略，培育塑造"中国制造"国家品牌新形象。支持与品牌建设相关的技术改造、科技攻关、标准制修订及检测能力建设项目。支持企业针对国内外市场需求，制定品牌发展战略，在新能源汽车、消费电子、家用电器、纺织服装等领域创建具有国际影响力的世界级品牌。鼓励有实力的企业积极收购国外品牌、开展境外商标注册、创建品牌营销渠道，促进自主品牌、国潮品牌的国际化，推进历史经典及传统品牌的焕新。加大自主知识产权产品的保护力度，建设有利于品牌发展的长效机制和良好环境。以产业聚集区、经济技术开发区、自主创新示范区、高新技术产业园区为重点，推动地方人民政府开展知名品牌创建工作，规范产业发展，扩大品牌影响，提升区域经济竞争力。

打造重点行业品牌矩阵。以提升中国产品的国内国际市场影响力为目标，以消费品工业"三品"战略示范城市为依托，推进分级、分类培育，构建分层次、有梯度、立体化的培育体系，形成名品方阵、矩阵的发展模式，支撑和引领中国消费品工业的品牌发展。构建工业品品牌发展矩阵，推进从企业品牌、行业品牌、区域品牌到国家品牌的梯度建设，产品品牌从制造品牌和消费品牌两个维度进行培育。其中：制造品牌，指某一重要的行业性品牌，包括综合性生产制造企业，或为重要原辅料生产商、重要生产性服务企业，是细分领域关键生产企业或配套专家；消费品牌，指某一具体的终端消费产品品牌，产品市场销售额在全国同类产品中占有一定比重，具有较强的品牌美誉度和突出的市场竞争力。

二、不同区域和发展阶段的推进路径

（一）推进思路

根据区域制造业发展程度和阶段，结合国内制造业品质提升的实践探索，以总的推进路径为前提，根据强龙头型、跨越型、稳进型三种不同类型区域特点，实施有针对性的推进路径。强龙头型区域以培育世界级产业集群、实施品质领跑者计划为重点；跨越型区域以加快推进数智赋能赶超先进、要素集聚培育"链主"企业为重点；稳进型区域以推进传统产业提质升级、制造模式变革提质增效以及培育自主品牌等为重点。

（二）推进路径

1. 强龙头型

培育世界级产业集群。在新能源、新材料、集成电路、生物医药、人工智能等前沿领域，结合自身发展基础，集聚创新动能，制定产业发展方案，打造世界级产业集群。基于集成电路产业战略性基础性和国际环境，加快关键环节研发攻关，推动下一代技术创新融合发展。瞄准人工智能技术前沿，推进人工智能与制造业深度融合，夯实算力、算法、模型、数据等技术底座，以场景应用为牵引，统筹布局通用大模型和垂直领域专用模型，建设国际算法创新基地，营造创新生态，高水平赋能新型工业化。聚焦生物医药基因工程和细胞治疗、合成生物学、体外诊断等前沿领域，推进三医融合，建设医疗、医保、医药协同创新的平台、产医融合创新基地。

打造数字智造领航区。应用智能化装备，建设智能化工厂，生产智能化产品，制定智能制造标准，延伸智能化服务，推进大规模定制，在重点领域打造数字智造领航区。采取"优势产品+标杆工厂"模式建设一批"优品智造"标杆工厂。建设智能制造系统创新中心等平台，提升智能制造关键零部件和系统自主创新能力。通过"智能+"推动实现规模以上工业企业智能化改造全覆盖，推动先进制造业企业向全要素、全流程、多领域智能协同运营转型，构建基于智能制造的竞争新优势。

推进品质领跑者计划。以"标准+认证"为手段，集质量、技术、服务、信誉于一体，打造制造业先进性的区域品牌形象标识，构建制造业高品质的"标杆"和"领导者"。以国家制造业创新中心、国家技术标准创新基地等为核心，在智能制造、装备、消费品、新材料等重点领域创建一批国家技术标准创新基地。鼓励企业和社会团体制定满足高层次市场需求的先进标准，培育行业和企业标准的"领跑者"，以先进标准促进全面质量提升。

2. 跨越型

数智赋能赶超先进。优选本地制造业龙头企业、隐形冠军企业等率先推进数字化转型，鼓励其通过平台打造、投资运作、创业裂变、场景创新等方式开展数字化发展探索，通过打造一批数字化转型标杆。鼓励先进制造业企业部署应用 5G、工业互联网等新型基础设施，对标行业示范标杆工厂实施数字化、网络化、智能化改造，打造一批支撑本地智能制造的优质企业群体。

要素集聚培育"链主"企业。强化"链主"企业的核心引领作用，支持领军企业建立高水平研发机构、创新中心，牵头开展关键核心技术攻关。鼓励"链主"企业整合产业资源和创新要素，构建基于上下游产业链协同的研发生产和制造体系。推广供应链协同、创新能力共享、数据协同开放和产业生态融通发展等模式的应用示范，带动上下游中小微企业和区域内外企业的协同发展。全面提升"链主"企业的行业话语权和产业链带动能力，支持企业面向海内外实施兼并重组，提升资源的全球化整合和布局能力，成为国际"链主"企业。

3. 稳进型

传统产业提质升级。传统产业通过加大技术改造、创新投入，包括智能化改造、绿色设计、制造模式创新等一系列新技术的应用，推进传统产业由成本优势、加工优势转向研发、设计、服务的综合优势，推动产业升级、质效提升。组织传统产业制造企业启动创新再造升级，整合区域内外工业设计产业生态链优势资源，根据制造企业特色和企业再造升级需求，进行产品创新设计。在纺织服装、轻工、建材、化工等传统行业打造国内领先的示范性产业园区。带动区域企业实施"差异化"战略进行转型升级，走"立足传统产业—工艺/产品升级—创新创意升级"的路径。

变革制造模式以提质增效。实施智能化技术改造诊断计划，通过数字化、网络化改造实现企业数据采集、数据互联互通，提高企业生产制造效率；推进企业制造过程、装备、产品智能化集成创新，形成"工业互联网平台+企业数字工厂"带动模式。鼓励实施"点线面"结合赋能智能制造模式，即"点"上鼓励企业针对关键生产工序和关键工艺环节开展"机器换人"；"线"上鼓励企业开展智能成套装备首台（套）的研制和系统集成；"面"上引导鼓励企业建设数字化车间或智能工厂。

培育自主品牌。鼓励中小企业特色产业集群打造特色鲜明、美誉度高的区域品牌。加大品牌传播力度，持续健全质量品牌发展市场机制，引导生产要素围绕高效率产业和优质自主品牌聚集。坚持"质量为王"的价值导向，进一步激励企业打造品牌质量高地，树立更多"质量标杆"，打造更多产品卓越、品牌卓著、创新领先、管理现代的世界一流企业及制造业品牌。支持以"链主"企业、单项冠军企业、专精特新企业为代表的优质企业开展商标国际注册和自主品牌国际化建设。综合运用短视频、直播、电商平台等新媒体手段推广自主品牌，创新"互联网+品牌"营销模式。

三、不同产业类型的推进路径

（一）推进思路

根据品质革命的不同驱动因素，结合相应产业，在总的推进路径的前提下，根据创新驱动型、管理驱动型、需求驱动型及文化驱动型四种类型产业品质革命的推进路径进行分业施策。创新驱动型产业品质革命重点是以技术创新驱动产品质量升级及推进系统设计和生态设计；管理驱动型产业品质革命重点是推进产业链现代化水平、实施供应链精细化管理及标准引领质量提升；需求驱动型产业品质革命重点是面向个性化定制的柔性制造、建立产品全生命周期质量追溯体系；文化驱动型产业重点是培育有文化内涵的新锐品牌、提升时尚创意设计水平及推动国家文化品牌输出。

（二）推进路径

1. 创新驱动型

以技术创新驱动产品质量升级。面向未来重大消费需求，加强战略前沿技术布局，瞄准未来新一代芯片和通信网络技术、自动化和智能化的人工智能技术、生物医药技术、新能源技术等领域的重大技术突破，推动相关产业技术爆炸和品质革命。围绕产业链布局创新链，引导产业链各环节协同创新，构建上下游协同和产学研用融通的创新联盟和载体，加快建设制造业创新中心，制定和发布关键领域技术创新路线图，通过"链长制""揭榜挂帅"等举措，将技术研发成果工程化、产业化、产品化，以技术创新推进产品创新和品质提升。

推进系统设计和生态设计。生态设计是提升产品竞争力的迫切要求，是从源头优化解决产品全生命周期资源环境问题的根本途径，是工业领域实现碳达峰碳中和的重要抓手。通过产品生态设计引领带动突破和应用一批数字化、低碳化、模块化、集成化等绿色设计共性技术，攻克和推广一批再生原料大比例替代利用技术、轻量化技术、节能节水节材技术、长寿命设计技术、易拆解回收利用技术等关键技术，提升产品绿色设计创新能力，以绿色发展引领工业产品高质量发展。

2. 管理驱动型

推进产业链现代化水平。适应新一轮科技革命和产业变革的趋势，提高产业链供应链的数字化水平，增强产业链供应链的韧性和安全可靠性。夯实工业互联网赋能基础，发挥工业互联网平台和标识解析体系作用，推进产业链上下游在技术、人才、项目、资金等方面形成融通发展新格局。"链主"企业可以搭建数据采集平台，建立大数据资源库，形成互联互通和数据共享的行业数据资源池。通过开展试点示范、提炼应用场景等，培育一批工业互联网解决方案供应商，为各行业产业链供应链现代化赋能。通过政策环境、保障技术、产业优势进一步发力，引导企业建立智能化的生产管理体系，实现研发、设计、制造、营销、服务全产业链数字化、智能化，推动供应链优化管理和产业链提档升级。

实施供应链精细化管理。不断优化提升供应链的速度、效率和质量。建立供应链协同机制，加强供应商、生产商、分销商之间的沟通和协作，提高信息共享和协同决策能力，从而提高供应链效率。鼓励企业推进数字化变革，实现从原辅料采购、生产制造过程到终端的全产业链智能化、系统化管理。优化生产管控系统，对产品生产、质量、设备运行等进行实时监控管理，并加强对现有全生命周期供应链系统的精细化管理，全方位保障产品品质。支持企业通过对 RFID 技术、GPS 技术、无线通信技术及温度传感技术的有机结合，建立健全一体化的物流体系，提高产品品质和服务响应速度。

标准引领质量提升。围绕产业结构优化、新业态新模式、消费需求升级，加快制定一批强制性国标，优化推荐性标准体系。推动标准化技术组织体系优化，促进技术创新、标准研制和产业化协调发展，开展科技成果转化为技术标准试点，加强标准全产业链深度服务。鼓励企业建立严于国标、行标的企业标准，推动出口企业完善标准体系和质量管理体系。研制工业产品急需的计量标准、标准物质，建立健全重点行业测量管理体系，推进产业计量测试中心建设。开展重点行业与国外中高端产品标准对标，推动国内消费品标准与国际标准接轨，加快重要国际标准转化，积极参与国际标准制修订。

3. 需求驱动型

面向个性化定制的柔性制造。重点推动商业模式创新，加强设计能力建设，发展"互联网+"协同制造。鼓励针对家电、消费电子、家具、服装等消费类产品搭建云端协同研发设计环境，应用众包设计、协同设计、云设计、用户参与设计等新模式，发展轻量化设计、低碳设计、并行设计、敏捷设计、交互设计等技术，通过数字孪生技术实现需求精准对接，快速形成产品方案，缩短产品研发周期。鼓励骨干企业建立云服务平台，推动数据库建设，发展基于互联网的按需、众包、众创等研发设计模式，推广个性化定制和批量定制。加快对客户标签的精细化分类，精准掌握用户画像，开展个性化产品精准推送。

产品全生命周期质量追溯体系。加快推进区块链、物联网技术对产品全生命周期质量的监管和安全溯源工作。支持企业利用区块链技术建立覆盖原料商、生产商、检测机构、用户等各方的产品溯源体系，加快产品数据可视化、流转过程透明化，实现全生命周期的追踪溯源，提升质量管理和服务水平。在食品、婴幼儿配方乳粉、白酒等行业全面实行质量追溯，鼓励有条件的企业通过无线传感器、无线通信技术、GIS/GPS等核心物联网技术开展智能化识别、定位、跟踪、监控和管理，实现对产品储存与运输等环境信息的实时监测与预警，实现质量安全监管与溯源工作的高效运行。

4. 文化驱动型

培育有文化内涵的新锐品牌。通过有竞争力的产品、有质感的内容、有势能的渠道，打造有文化内涵和质感的品牌。通过植入文化故事引领爆款产品，用故事提升品牌内涵及品牌溢价能力，如基于消费者所在城市的故事来填充产品内容，把国风植入产品，通过高品质和高品位的市场新锐产品引领消费升级。

提升时尚创意设计水平。充分挖掘特色文化底蕴，提升时尚内涵，丰富产品创意设计，打造具有商品与文化创意双重属性的时尚产品。结合地域特色，发掘时尚服饰服装、时尚美妆、时尚电子电器、时尚健康饮品、时尚家居建材等新时尚元素，认定一批新时尚企业，纳入时尚产业范畴。积极营造关注时尚、关注流行趋势的精神文化氛围，多渠道推广宣传新时尚理念。

推动国家文化品牌输出。我国制造业产业链中不乏具有中国特色的国创产品，部分特色产品在海外消费群体中已备受好评，逐渐被海外消费者接受。将具有中国特色的文化输出海外，并形成具有国际影响力的中国制造产品。加快利用直播、短视频等新媒体服务国潮品牌和商品，依托全球资源和用户数量支持国货品牌进入世界级商圈和免税店，支持国潮品牌"走出去"参与全球竞争。

CHAPTER 9 | 第九章
推进我国制造业品质革命的
保障措施

（一）加强统筹规划和组织协调

建立相关部门统筹协调、合力推动的工作机制。各地相关部门要结合实际，制订制造业品质提升行动计划和方案，行业协会要积极参与和组织相关行业品质提升活动。各地工业主管部门要积极落实和深入推进工业质量提升与品牌建设工作，行业组织和社会机构要广泛参与，共同落实各项任务安排。鼓励各地结合地区和产业特点，加强工业产品研发设计、质量政策和品牌战略研究，创新工作思路，制订工作方案，明确工作内容、工作目标和进度计划，系统部署工业提质升级工作。

（二）强化高素质人才支撑

实施面向专业技术人才的知识更新工程和专项提升计划。全面推行职业技能等级制度和企业新型学徒制，鼓励名师带高徒，优化培训模式，培育造就一批优秀企业家、高水平工程师和创新型科技人才。构建产业高峰人才、产业领军人才、产业工匠等梯次培育结构，加快引进顶尖人才，培养卓越工程师、高技能人才，鼓励校企联合建设现代产业学院、工匠学院。对重点领域产业人才实施专项奖励，推动重点先导产业人才规模化增长，打造高水平产业人才高地。

（三）优化产业发展环境

持续推广建设企业社会责任体系，营造规范和谐、公平守信、竞争有序的产业环境。强化对平台销售和直播带货产品的质量管控和追溯，打击制假、售假行为。推动构建资源富集、应用繁荣、治理有序的工业大数据生态体系。推动开展知识产权保护、反不正当竞争等方面的自律工作，激励创新发展，构建勇于创新、保护创新的发展机制。借鉴和推广知识产权保护公约、抵制假冒伪劣产品倡议书等模式，增强企业和消费者的知识产权保护意识。

（四）完善财税金融支持政策

完善制造业品质提升的相关政策，促进产业、科技和金融联动的政策体系健全，提出促进循环发展的具体举措，鼓励创业投资机构加强与科研院所合作，在产业孵化、技术加速、项目投资、成果转化等方面形成合力。鼓励政策性银行和商业银行开展创新型企业专项金融服务，持续扩大制造业中长期贷款规模，支持符合条件的制造业企业开展债券融资，加大政策性担保基金对中小企业融资增信的支持力度。研究提高部分行业产品出口退税率，增加企业设计、经销费用的增值税抵扣幅度，扩大增值税可抵扣范围和比重。实施重点产业紧缺人才个人所得税优惠，完善支持创新的普惠性税收政策。创新发展科创金融、绿色金融、供应链金融，完善财政支持方式，优化财政资金对产业提质升级的引导激励作用。

（五）加强公共服务能力建设

建立健全行业基础服务和科技创新平台，建设行业基础数据信息采集分析、技术创新、研发设计和检验检测等公共服务平台。构建行业工业大数据生态体系，支持企业在研发、生产、经营、运维等全流程的数据汇聚，推动上下游企业开放数据、合作共享。优化检验检测、品牌发布、社会责任报告披露等行业服务功能，打造具有国际影响力的品牌发布国际交流平台。建设权威性产融合作、区域布局、对外投资服务平台，强化宣传发声功能，助力企业升级发展，在现代社会治理体系中发挥积极作用。

（六）发挥行业协会作用

充分发挥行业组织沟通政府与服务企业的桥梁纽带作用，及时反应行业和企业诉求。支持行业协会围绕行业特定需求和共性任务，开展资源整合、关键技术攻关，建设知识产权保护、国际产能合作、技术创新等各类型产业联盟，鼓励搭建行业战略研究、科技创新等公共服务平台。进一步规范行业协会各项活动，不断加强自身建设，提高行业服务水平，增强处理突发事件的能力，引导企业加强行业自律和诚信体系建设，积极履行社会责任，不断提升职业化能力和水平。

APPENDIX A 附录A
质量强国建设纲要

质量强国建设纲要

建设质量强国是推动高质量发展、促进我国经济由大向强转变的重要举措，是满足人民美好生活需要的重要途径。为统筹推进质量强国建设，全面提高我国质量总体水平，制定本纲要。

一、形势背景

质量是人类生产生活的重要保障。党的十八大以来，在以习近平同志为核心的党中央坚强领导下，我国质量事业实现跨越式发展，质量强国建设取得历史性成效。全民质量意识显著提高，质量管理和品牌发展能力明显增强，产品、工程、服务质量总体水平稳步提升，质量安全更有保障，一批重大技术装备、重大工程、重要消费品、新兴领域高技术产品的质量达到国际先进水平，商贸、旅游、金融、物流等服务质量明显改善；产业和区域质量竞争力持续提升，质量基础设施效能逐步彰显，质量对提高全要素生产率和促进经济发展的贡献更加突出，人民群众质量获得感显著增强。

当今世界正经历百年未有之大变局，新一轮科技革命和产业变革深入发展，引发质量理念、机制、实践的深刻变革。质量作为繁荣国际贸易、促进产业发展、增进民生福祉的关键要素，越来越成为经济、贸易、科技、文化等领域的焦点。当前，我国质量水平的提高仍然滞后于经济社会发展，质量发展基础还不够坚实。

面对新形势新要求，必须把推动发展的立足点转到提高质量和效益上来，培育以技术、标准、品牌、质量、服务等为核心的经济发展新优势，推动中国制造向中国创造转变、中国速度向中国质量转变、中国产品向中国品牌转变，坚定不移推进质量强国建设。

二、总体要求

（一）指导思想。以习近平新时代中国特色社会主义思想为指导，立足新发展阶段，完整、准确、全面贯彻新发展理念，构建新发展格局，统筹发展和安全，以推动高质量发展为主题，以提高供给质量为主攻方向，以改革创新为根本动力，以满足人民日益增长的美好生活需要为根本目的，深入实施质量强国战略，牢固树立质量第一意识，健全质量政策，加强全面质量管理，促进质量变革创新，着力提升产品、工程、服务质量，着力推动品牌建设，着力增强产业质量竞争力，着力提高经济发展质量效益，着力提高全民质量素养，积极对接国际先进技术、规则、标准，全方位建设质量强国，为全面建设社会主义现代化国家、实现中华民族伟大复兴的中国梦提供质量支撑。

（二）主要目标

到 2025 年，质量整体水平进一步全面提高，中国品牌影响力稳步提升，人民群众质量获得感、满意度明显增强，质量推动经济社会发展的作用更加突出，质量强国建设取得阶段性成效。

——经济发展质量效益明显提升。经济结构更加优化，创新能力显著提升，现代化经济体系建设取得重大进展，单位 GDP 资源能源消耗不断下降，经济发展新动能和质量新优势显著增强。

——产业质量竞争力持续增强。制约产业发展的质量瓶颈不断突破，产业链供应链整体现代化水平显著提高，一二三产业质量效益稳步提高，农业标准化生产普及率稳步提升，制造业质量竞争力指数达到 86，服务业供给有效满足产业转型升级和居民消费升级需要，质量竞争型产业规模显著扩大，建成一批具有引领力的质量卓越产业集群。

——产品、工程、服务质量水平显著提升。质量供给和需求更加适配，农产品质量安全例行监测合格率和食品抽检合格率均达到98%以上，制造业产品质量合格率达到94%，工程质量抽查符合率不断提高，消费品质量合格率有效支撑高品质生活需要，服务质量满意度全面提升。

——品牌建设取得更大进展。品牌培育、发展、壮大的促进机制和支持制度更加健全，品牌建设水平显著提高，企业争创品牌、大众信赖品牌的社会氛围更加浓厚，品质卓越、特色鲜明的品牌领军企业持续涌现，形成一大批质量过硬、优势明显的中国品牌。

——质量基础设施更加现代高效。质量基础设施管理体制机制更加健全、布局更加合理，计量、标准、认证认可、检验检测等实现更高水平协同发展，建成若干国家级质量标准实验室，打造一批高效实用的质量基础设施集成服务基地。

——质量治理体系更加完善。质量政策法规更加健全，质量监管体系更趋完备，重大质量安全风险防控机制更加有效，质量管理水平普遍提高，质量人才队伍持续壮大，质量专业技术人员结构和数量更好适配现代质量管理需要，全民质量素养不断增强，质量发展环境更加优化。

到2035年，质量强国建设基础更加牢固，先进质量文化蔚然成风，质量和品牌综合实力达到更高水平。

三、推动经济质量效益型发展

（三）增强质量发展创新动能。建立政产学研用深度融合的质量创新体系，协同开展质量领域技术、管理、制度创新。加强质量领域基础性、原创性研究，集中实施一批产业链供应链质量攻关项目，突破一批重大标志性质量技术和装备。开展质量管理数字化赋能行动，推动质量策划、质量控制、质量保证、质量改进等全流程信息化、网络化、智能化转型。加强专利、商标、版权、地理标志、植物新品种、集成电路布图设计等知识产权保护，提升知识产权公共服务能力。建立质量专业化服务体系，协同推进技术研发、标准研制、产业应用，打通质量创新成果转化应用渠道。

（四）树立质量发展绿色导向。开展重点行业和重点产品资源效率对标提升行动，加快低碳零碳负碳关键核心技术攻关，推动高耗能行业低碳转型。全面推行绿色设计、绿色制造、绿色建造，健全统一的绿色产品标准、认证、标识体系，大力发展绿色供应链。优化资源循环利用技术标准，实现资源绿色、高效再利用。建立健全碳达峰、碳中和标准计量体系，推动建立国际互认的碳计量基标准、碳监测及效果评估机制。建立实施国土空间生态修复标准体系。建立绿色产品消费促进制度，推广绿色生活方式。

（五）强化质量发展利民惠民。开展质量惠民行动，顺应消费升级趋势，推动企业加快产品创新、服务升级、质量改进，促进定制、体验、智能、时尚等新型消费提质扩容，满足多样化、多层级消费需求。开展放心消费创建活动，推动经营者诚信自律，营造安全消费环境，加强售后服务保障。完善质量多元救济机制，鼓励企业投保产品、工程、服务质量相关保险，健全质量保证金制度，推行消费争议先行赔付，开展消费投诉信息公示，加强消费者权益保护，让人民群众买得放心、吃得安心、用得舒心。

四、增强产业质量竞争力

（六）强化产业基础质量支撑。聚焦产业基础质量短板，分行业实施产业基础质量提升工程，加强重点领域产业基础质量攻关，实现工程化突破和产业化应用。开展材料质量提升关键共性技术研发和应用验证，提高材料质量稳定性、一致性、适用性水平。改进基础零部件与元器件性能指标，提升可靠性、耐久性、先进性。推进基础制造工艺与质量管理、数字智能、网络技术深度融合，提高生产制造敏捷度和精益性。支持通用基础软件、工业软件、平台软件、应用软件工程化开发，实现工业质量分析与控制软件关键技术突破。加强技术创新、标准研制、计量测试、合格评定、知识产权、工业数据等产业技术基础能力建设，加快产业基础高级化进程。

（七）提高产业质量竞争水平。推动产业质量升级，加强产业链全面质量管理，着力提升关键环节、关键领域质量管控水平。开展对标达标提升行动,以先进标准助推传统产业提质增效和新兴产业高起点发展。推进农业品种培优、品质提升、品牌打造和标准化生产,全面提升农业生产质量效益。加快传统制造业技术迭代和质量升级,强化战略性新兴产业技术、质量、管理协同创新,培育壮大质量竞争型产业,推动制造业高端化、智能化、绿色化发展,大力发展服务型制造。加快培育服务业新业态新模式,以质量创新促进服务场景再造、业务再造、管理再造,推动生产性服务业向专业化和价值链高端延伸,推动生活性服务业向高品质和多样化升级。完善服务业质量标准,加强服务业质量监测,优化服务业市场环境。加快大数据、网络、人工智能等新技术的深度应用,促进现代服务业与先进制造业、现代农业融合发展。

(八)提升产业集群质量引领力。支持先导性、支柱性产业集群加强先进技术应用、质量创新、质量基础设施升级,培育形成一批技术质量优势突出、产业链融通发展的产业集群。深化产业集群质量管理机制创新,构建质量管理协同、质量资源共享、企业分工协作的质量发展良好生态。组建一批产业集群质量标准创新合作平台,加强创新技术研发,开展先进标准研制,推广卓越质量管理实践。依托国家级新区、国家高新技术产业开发区、自由贸易试验区等,打造技术、质量、管理创新策源地,培育形成具有引领力的质量卓越产业集群。

(九)打造区域质量发展新优势。加强质量政策引导,推动区域质量发展与生产力布局、区位优势、环境承载能力及社会发展需求对接融合。推动东部地区发挥质量变革创新的引领带动作用,增强质量竞争新优势,实现整体质量提升。引导中西部地区因地制宜发展特色产业,促进区域内支柱产业质量升级,培育形成质量发展比较优势。推动东北地区优化质量发展环境,加快新旧动能转换,促进产业改造升级和质量振兴。健全区域质量合作互助机制,推动区域质量协同发展。深化质量强省建设,推动质量强市、质量强业向纵深发展,打造质量强国建设标杆。

五、加快产品质量提档升级

（十）提高农产品食品药品质量安全水平。严格落实食品安全"四个最严"要求，实行全主体、全品种、全链条监管，确保人民群众"舌尖上的安全"。强化农产品质量安全保障，制定农产品质量监测追溯互联互通标准，加大监测力度，依法依规严厉打击违法违规使用禁限用药物行为，严格管控直接上市农产品农兽药残留超标问题，加强优质农产品基地建设，推行承诺达标合格证制度，推进绿色食品、有机农产品、良好农业规范的认证管理，深入实施地理标志农产品保护工程，推进现代农业全产业链标准化试点。深入实施食品安全战略，推进食品安全放心工程。调整优化食品产业布局，加快产业技术改造升级。完善食品安全标准体系，推动食品生产企业建立实施危害分析和关键控制点体系，加强生产经营过程质量安全控制。加快构建全程覆盖、运行高效的农产品食品安全监管体系，强化信用和智慧赋能质量安全监管，提升农产品食品全链条质量安全水平。加强药品和疫苗全生命周期管理，推动临床急需和罕见病治疗药品、医疗器械审评审批提速，提高药品检验检测和生物制品（疫苗）批签发能力，优化中药审评机制，加速推进化学原料药、中药技术研发和质量标准升级，提升仿制药与原研药、专利药的质量和疗效一致性。加强农产品食品药品冷链物流设施建设，完善信息化追溯体系，实现重点类别产品全过程可追溯。

（十一）优化消费品供给品类。实施消费品质量提升行动，加快升级消费品质量标准，提高研发设计与生产质量，推动消费品质量从生产端符合型向消费端适配型转变，促进增品种、提品质、创品牌。加快传统消费品迭代创新，推广个性化定制、柔性化生产，推动基于材料选配、工艺美学、用户体验的产品质量变革。加强产品前瞻性功能研发，扩大优质新型消费品供给，推行高端品质认证，以创新供给引领消费需求。强化农产品营养品质评价和分等分级。增加老年人、儿童、残疾人等特殊群体的消费品供给，强化安全要求、功能适配、使用便利。对标国际先进标准，推进内外贸产品同线同标同质。鼓励优质消费品进口，提高出口商品品质和单位价值，实现优进优出。制定消费品质量安全监管目录，对质量问题突出、涉及人民群众身体健康和生命财产安全的重要消费品，严格质量安全监管。

（十二）推动工业品质量迈向中高端。发挥工业设计对质量提升的牵引作用，大力发展优质制造，强化研发设计、生产制造、售后服务全过程质量控制。加强应用基础研究和前沿技术研发，强化复杂系统的功能、性能及可靠性一体化设计，提升重大技术装备制造能力和质量水平。建立首台（套）重大技术装备检测评定制度，加强检测评定能力建设，促进原创性技术和成套装备产业化。完善重大工程设备监理制度，保障重大设备质量安全与投资效益。加快传统装备智能化改造，大力发展高质量通用智能装备。实施质量可靠性提升计划，提高机械、电子、汽车等产品及其基础零部件、元器件可靠性水平，促进品质升级。

六、提升建设工程品质

（十三）强化工程质量保障。全面落实各方主体的工程质量责任，强化建设单位工程质量首要责任和勘察、设计、施工、监理单位主体责任。严格执行工程质量终身责任书面承诺制、永久性标牌制、质量信息档案等制度，强化质量责任追溯追究。落实建设项目法人责任制，保证合理工期、造价和质量。推进工程质量管理标准化，实施工程施工岗位责任制，严格进场设备和材料、施工工序、项目验收的全过程质量管控。完善建设工程质量保修制度，加强运营维护管理。强化工程建设全链条质量监管，完善日常检查和抽查抽测相结合的质量监督检查制度，加强工程质量监督队伍建设，探索推行政府购买服务方式委托社会力量辅助工程质量监督检查。完善工程建设招标投标制度，将企业工程质量情况纳入招标投标评审，加强标后合同履约监管。

（十四）提高建筑材料质量水平。加快高强度高耐久、可循环利用、绿色环保等新型建材研发与应用，推动钢材、玻璃、陶瓷等传统建材升级换代，提升建材性能和品质。大力发展绿色建材，完善绿色建材产品标准和认证评价体系，倡导选用绿色建材。鼓励企业建立装配式建筑部品部件生产、施工、安装全生命周期质量控制体系，推行装配式建筑部品部件驻厂监造。落实建材生产和供应单位终身责任，严格建材使用单位质量责任，强化影响结构强度和安全性、耐久性的关键建材全过程质量管理。加强建材质量监管，加大对外墙保温材料、水泥、电线电缆等重点建材产品质量监督抽查力度，实施缺陷建材响应处理和质量追溯。开展住宅、公共建筑等重点领域建材专项整治，促进从生产到施工全链条的建材行业质量提升。

（十五）打造中国建造升级版。坚持百年大计、质量第一，树立全生命周期建设发展理念，构建现代工程建设质量管理体系，打造中国建造品牌。完善勘察、设计、监理、造价等工程咨询服务技术标准，鼓励发展全过程工程咨询和专业化服务。完善工程设计方案审查论证机制，突出地域特征、民族特点、时代风貌，提供质量优良、安全耐久、环境协调、社会认可的工程设计产品。加大先进建造技术前瞻性研究力度和研发投入，加快建筑信息模型等数字化技术研发和集成应用，创新开展工程建设工法研发、评审、推广。加强先进质量管理模式和方法高水平应用，打造品质工程标杆。推广先进建造设备和智能建造方式，提升建设工程的质量和安全性能。大力发展绿色建筑，深入推进可再生能源、资源建筑应用，实现工程建设全过程低碳环保、节能减排。

七、增加优质服务供给

（十六）提高生产服务专业化水平。大力发展农业社会化服务，开展农技推广、生产托管、代耕代种等专业服务。发展智能化解决方案、系统性集成、流程再造等服务，提升工业设计、检验检测、知识产权、质量咨询等科技服务水平，推动产业链与创新链、价值链精准对接、深度融合。统筹推进普惠金融、绿色金融、科创金融、供应链金融发展，提高服务实体经济质量升级的精准性和可及性。积极发展多式联运、智慧物流、供应链物流，提升冷链物流服务质量，优化国际物流通道，提高口岸通关便利化程度。规范发展网上销售、直播电商等新业态新模式。加快发展海外仓等外贸新业态。提高现代物流、生产控制、信息数据等服务能力，增强产业链集成优势。加强重大装备、特种设备、耐用消费品的售后服务能力建设，提升安装、维修、保养质量水平。

（十七）促进生活服务品质升级。大力发展大众餐饮服务，提高质量安全水平。创新丰富家政服务，培育优质服务品牌。促进物业管理、房屋租赁服务专业化、规范化发展。提升旅游管理和服务水平，规范旅游市场秩序，改善旅游消费体验，打造乡村旅游、康养旅游、红色旅游等精品项目。提升面向居家生活、户外旅游等的应急救援服务能力。大力发展公共交通，引导网约出租车、定制公交等个性化出行服务规范发展。推动航空公司和机场全面建立旅客服务质量管理体系，提高航空服务能力和品质。积极培育体育赛事活动、社区健身等服务项目，提升公共体育场馆开放服务品质。促进网络购物、移动支付等新模式规范有序发展，鼓励超市、电商平台等零售业态多元化融合发展。支持有条件的地方建设新型消费体验中心，开展多样化体验活动。加强生活服务质量监管，保障人民群众享有高品质生活。

（十八）提升公共服务质量效率。围绕城乡居民生活便利化、品质化需要，加强便民服务设施建设，提升卫生、文化等公共设施服务质量。推动政务服务事项集成化办理、一窗通办、网上办理、跨省通办，提高服务便利度。建设高质量教育体系，推动基本公共教育、职业技术教育、高等教育等提质扩容。大力推动图书馆、博物馆等公共文化场馆数字化发展，加快线上线下服务融合。加强基层公共就业创业服务平台建设，强化职业技能培训、用工指导等公共就业服务。加强养老服务质量标准与评价体系建设，扩大日间照料、失能照护、助餐助行等养老服务有效供给，积极发展互助性养老服务。健全医疗质量管理体系，完善城乡医疗服务网络，逐步扩大城乡家庭医生签约服务覆盖范围。完善突发公共卫生事件监测预警处置机制，加强实验室检测网络建设，强化科技标准支撑和物资质量保障。持续推进口岸公共卫生核心能力建设，进一步提升防控传染病跨境传播能力。加强公共配套设施适老化、适儿化、无障碍改造。

八、增强企业质量和品牌发展能力

（十九）加快质量技术创新应用。强化企业创新主体地位，引导企业加大质量技术创新投入，推动新技术、新工艺、新材料应用，促进品种开发和品质升级。鼓励企业加强质量技术创新中心建设，推进质量设计、试验检测、可靠性工程等先进质量技术的研发应用。支持企业牵头组建质量技术创新联合体，实施重大质量改进项目，协同开展产业链供应链质量共性技术攻关。鼓励支持中小微企业实施技术改造、质量改进、品牌建设，提升中小微企业质量技术创新能力。

（二十）提升全面质量管理水平。鼓励企业制定实施以质取胜生产经营战略，创新质量管理理念、方法、工具，推动全员、全要素、全过程、全数据的新型质量管理体系应用，加快质量管理成熟度跃升。强化新一代信息技术应用和企业质量保证能力建设，构建数字化、智能化质量管控模式，实施供应商质量控制能力考核评价，推动质量形成过程的显性化、可视化。引导企业开展质量管理数字化升级、质量标杆经验交流、质量管理体系认证、质量标准制定等，加强全员质量教育培训，健全企业首席质量官制度，重视质量经理、质量工程师、质量技术能手队伍建设。

（二十一）争创国内国际知名品牌。完善品牌培育发展机制，开展中国品牌创建行动，打造中国精品和"百年老店"。鼓励企业实施质量品牌战略，建立品牌培育管理体系，深化品牌设计、市场推广、品牌维护等能力建设，提高品牌全生命周期管理运营能力。开展品牌理论、价值评价研究，完善品牌价值评价标准，推动品牌价值评价和结果应用。统筹开展中华老字号和地方老字号认定，完善老字号名录体系。持续办好"中国品牌日"系列活动。支持企业加强品牌保护和维权，依法严厉打击品牌仿冒、商标侵权等违法行为，为优质品牌企业发展创造良好环境。

九、构建高水平质量基础设施

（二十二）优化质量基础设施管理。建立高效权威的国家质量基础设施管理体制，推进质量基础设施分级分类管理。深化计量技术机构改革创新，推进国家现代先进测量体系建设，完善国家依法管理的量值传递体系和市场需求导向的量值溯源体系，规范和引导计量技术服务市场发展。深入推进标准化运行机制创新，优化政府颁布标准与市场自主制定标准二元结构，不断提升标准供给质量和效率，推动国内国际标准化协同发展。深化检验检测机构市场化改革，加强公益性机构功能性定位、专业化建设，推进经营性机构集约化运营、产业化发展。深化检验检测认证机构资质审批制度改革，全面实施告知承诺和优化审批服务，优化规范检验检测机构资质认定程序。加强检验检测认证机构监管，落实主体责任，规范从业行为。开展质量基础设施运行监测和综合评价，提高质量技术服务机构管理水平。

（二十三）加强质量基础设施能力建设。合理布局国家、区域、产业质量技术服务机构，建设系统完备、结构优化、高效实用的质量基础设施。实施质量基础设施能力提升行动，突破量子化计量及扁平化量值传递关键技术，构建标准数字化平台，发展新型标准化服务工具和模式，加强检验检测技术与装备研发，加快认证认可技术研究由单一要素向系统性、集成化方向发展。加快建设国家级质量标准实验室，开展先进质量标准、检验检测方法、高端计量仪器、检验检测设备设施的研制验证。完善检验检测认证行业品牌培育、发展、保护机制，推动形成检验检测认证知名品牌。加大质量基础设施能力建设，逐步增加计量检定校准、标准研制与实施、检验检测认证等无形资产投资，鼓励社会各方共同参与质量基础设施建设。

（二十四）提升质量基础设施服务效能。开展质量基础设施助力行动，围绕科技创新、优质制造、乡村振兴、生态环保等重点领域，大力开展计量、标准化、合格评定等技术服务，推动数据、仪器、设备等资源开放共享，更好服务市场需求。深入实施"标准化+"行动，促进全域标准化深度发展。实施质量基础设施拓展伙伴计划，构建协同服务网络，打造质量基础设施集成服务基地，为产业集群、产业链质量升级提供"一站式"服务。支持区域内计量、标准、认证认可、检验检测等要素集成融合，鼓励跨区域要素融通互补、协同发展。建设技术性贸易措施公共服务体系，加强对技术性贸易壁垒和动植物卫生检疫措施的跟踪、研判、预警、评议、应对。加强质量标准、检验检疫、认证认可等国内国际衔接，促进内外贸一体化发展。

十、推进质量治理现代化

（二十五）加强质量法治建设。健全质量法律法规，修订完善产品质量法，推动产品安全、产品责任、质量基础设施等领域法律法规建设。依法依规严厉打击制售假冒伪劣商品、侵犯知识产权、工程质量违法违规等行为，推动跨行业跨区域监管执法合作，推进行政执法与刑事司法衔接。支持开展质量公益诉讼和集体诉讼，有效执行商品质量惩罚性赔偿制度。健全产品和服务质量担保与争议处理机制，推行第三方质量争议仲裁。加强质量法治宣传教育，普及质量法律知识。

（二十六）健全质量政策制度。完善质量统计指标体系，开展质量统计分析。完善多元化、多层级的质量激励机制，健全国家质量奖励制度，鼓励地方按有关规定对质量管理先进、成绩显著的组织和个人实施激励。建立质量分级标准规则，实施产品和服务质量分级，引导优质优价，促进精准监管。建立健全强制性与自愿性相结合的质量披露制度，鼓励企业实施质量承诺和标准自我声明公开。完善政府采购政策和招投标制度，健全符合采购需求特点、质量标准、市场交易习惯的交易规则，加强采购需求管理，推动形成需求引领、优质优价的采购制度。健全覆盖质量、标准、品牌、专利等要素的融资增信体系，强化对质量改进、技术改造、设备更新的金融服务供给，加大对中小微企业质量创新的金融扶持力度。将质量内容纳入中小学义务教育，支持高等学校加强质量相关学科建设和专业设置，完善质量专业技术技能人才职业培训制度和职称制度，实现职称制度与职业资格制度有效衔接，着力培养质量专业技能型人才、科研人才、经营管理人才。建立质量政策评估制度，强化结果反馈和跟踪改进。

（二十七）优化质量监管效能。健全以"双随机、一公开"监管和"互联网+监管"为基本手段、以重点监管为补充、以信用监管为基础的新型监管机制。创新质量监管方式，完善市场准入制度，深化工业产品生产许可证和强制性认证制度改革，分类放宽一般工业产品和服务业准入限制，强化事前事中事后全链条监管。对涉及人民群众身体健康和生命财产安全、公共安全、生态环境安全的产品以及重点服务领域，依法实施严格监管。完善产品质量监督抽查制度，加强工业品和消费品质量监督检查，推动实现生产流通、线上线下一体化抽查，探索建立全国联动抽查机制，对重点产品实施全国企业抽查全覆盖，强化监督抽查结果处理。建立健全产品质量安全风险监控机制，完善产品伤害监测体系，开展质量安全风险识别、评估和处置。建立健全产品质量安全事故强制报告制度，开展重大质量安全事故调查与处理。健全产品召回管理体制机制，加强召回技术支撑，强化缺陷产品召回管理。构建重点产品质量安全追溯体系，完善质量安全追溯标准，加强数据开放共享，形成来源可查、去向可追、责任可究的质量安全追溯链条。加强产品防伪监督管理。建立质量安全"沙盒监管"制度，为新产品新业态发展提供容错纠错空间。加强市场秩序综合治理，营造公平竞争的市场环境，促进质量竞争、优胜劣汰。严格进出口商品质量安全检验监管，持续完善进出口商品质量安全风险预警和快速反应监管机制。加大对城乡结合部、农村等重点区域假冒伪劣的打击力度。强化网络平台销售商品质量监管，健全跨地区跨行业监管协调联动机制，推进线上线下一体化监管。

（二十八）推动质量社会共治。创新质量治理模式，健全以法治为基础、政府为主导、社会各方参与的多元治理机制，强化基层治理、企业主责和行业自律。深入实施质量提升行动，动员各行业、各地区及广大企业全面加强质量管理，全方位推动质量升级。支持群团组织、一线班组开展质量改进、质量创新、劳动技能竞赛等群众性质量活动。发挥行业协会商会、学会及消费者组织等的桥梁纽带作用，开展标准制定、品牌建设、质量管理等技术服务，推进行业质量诚信自律。引导消费者树立绿色健康安全消费理念，主动参与质量促进、社会监督等活动。发挥新闻媒体宣传引导作用，传播先进质量理念和最佳实践，曝光制售假冒伪劣等违法行为。引导社会力量参与质量文化建设，鼓励创作体现质量文化特色的影视和文学作品。以全国"质量月"等活动为载体，深入开展全民质量行动，弘扬企业家精神和工匠精神，营造政府重视质量、企业追求质量、社会崇尚质量、人人关心质量的良好氛围。

（二十九）加强质量国际合作。深入开展双多边质量合作交流，加强与国际组织、区域组织和有关国家的质量对话与磋商，开展质量教育培训、文化交流、人才培养等合作。围绕区域全面经济伙伴关系协定实施等，建设跨区域计量技术转移平台和标准信息平台，推进质量基础设施互联互通。健全贸易质量争端预警和协调机制，积极参与技术性贸易措施相关规则和标准制定。参与建立跨国（境）消费争议处理和执法监管合作机制，开展质量监管执法和消费维权双多边合作。定期举办中国质量大会，积极参加和承办国际性质量会议。

十一、组织保障

（三十）加强党的领导。坚持党对质量工作的全面领导，把党的领导贯彻到质量工作的各领域各方面各环节，确保党中央决策部署落到实处。建立质量强国建设统筹协调工作机制，健全质量监督管理体制，强化部门协同、上下联动，整体有序推进质量强国战略实施。

（三十一）狠抓工作落实。各级党委和政府要将质量强国建设列入重要议事日程，纳入国民经济和社会发展规划、专项规划、区域规划。各地区各有关部门要结合实际，将纲要主要任务与国民经济和社会发展规划有效衔接、同步推进，促进产业、财政、金融、科技、贸易、环境、人才等方面政策与质量政策协同，确保各项任务落地见效。

（三十二）开展督察评估。加强中央质量督察工作，形成有效的督促检查和整改落实机制。深化质量工作考核，将考核结果纳入各级党政领导班子和领导干部政绩考核内容。对纲要实施中作出突出贡献的单位和个人，按照国家有关规定予以表彰。建立纲要实施评估机制，市场监管总局会同有关部门加强跟踪分析和督促指导，重大事项及时向党中央、国务院请示报告。

APPENDIX B

附录B
制造业设计能力提升专项行动计划（2019—2022年）

制造业设计能力提升专项行动计划（2019—2022年）

制造业设计能力是制造业创新能力的重要组成部分。提升制造业设计能力，能够为产品植入更高品质、更加绿色、更可持续的设计理念；能够综合应用新材料、新技术、新工艺、新模式，促进科技成果转化应用；能够推动集成创新和原始创新，助力解决制造业短板领域设计问题。近年来，设计创新有力促进了制造业转型升级，也带动了设计自身从理念到方法，以及实现方式等方面的持续进步，但设计能力不足仍是影响制造业转型升级的瓶颈问题，在设计基础研究与数据积累、设计工具与方法、设计人才培养、试验验证以及公共服务能力等方面仍亟待加强。为提升设计能力，推动制造业高质量发展，制定本行动计划。

一、总体要求

（一）指导思想

坚持以习近平新时代中国特色社会主义思想为指导，全面贯彻党的十九大和十九届二中、三中全会精神，坚持新发展理念，按照建设现代化经济体系要求，坚持以供给侧结构性改革为主线，围绕制造业短板领域精准发力，不断健全产业体系，改善公共服务，提升设计水平和能力，推动中国制造向中国创造转变、中国速度向中国质量转变、制造大国向制造强国转变，为制造业高质量发展提供支撑保障。

（二）基本原则

坚持市场主导。 发挥市场在资源配置中的决定性作用，强化企业主体地位，坚持竞争中性原则，鼓励公平竞争，激发市场主体创新活力。更好发挥政府作用，强化公共服务，营造有利于工业设计发展的良好市场环境。

坚持创新驱动。 加强理论、方法和实践的创新，构建服务设计能力提升的创新体系。强化对企业设计创新的引导，以设计创新推动质量变革、效率变革和动力变革。

坚持统筹协调。加强各部门政策协同，形成目标一致、分工负责的工作机制。强化对地方工作的指导，积极总结推广相关经验成果，凝聚创新发展新动能。

坚持以点带面。依托战略性新兴产业和新一代信息通信技术发展，以相关领域的设计发展带动新理念和新方法推广普及，以重点突破和试点示范带动制造业设计能力全面提升。

（三）总体目标

争取用4年左右的时间，推动制造业短板领域设计问题有效改善，工业设计基础研究体系逐步完备，公共服务能力大幅提升，人才培养模式创新发展。在高档数控机床、工业机器人、汽车、电力装备、石化装备、重型机械等行业，以及节能环保、人工智能等领域实现原创设计突破。在系统设计、人工智能设计、生态设计等方面形成一批行业、国家标准，开发出一批好用、专业的设计工具。高水平建设国家工业设计研究院，提高工业设计基础研究能力和公共服务水平。创建10个左右以设计服务为特色的服务型制造示范城市，发展壮大200家以上国家级工业设计中心，打造设计创新骨干力量，引领工业设计发展趋势。推广工业设计"新工科"教育模式，创新设计人才培养方式，创建100个左右制造业设计培训基地。

二、夯实制造业设计基础

（一）加大基础研究力度。强化制造业设计理论、设计基础数据积累、设计规范、设计标准、设计管理、设计验证等基础工作。加大对设计创新项目和工业设计软件基础研究的支持力度。强化产品安全性、功能性、可靠性、环保性等标准要求，规范信息交互、用户体验、运行维护等设计标准，形成高水平设计标准体系。鼓励社会团体、产业联盟、高校院所和企业基于设计创新和专利制定团体标准、企业标准，积极参与制定国家标准和国际标准。组织第三方机构开展计量性设计研究，鼓励构建支撑制造业产品设计的计量测试技术服务平台，推动计量与产品设计过程融合，逐步实现设计过程量值控制，提升制造业产品设计效率。

（二）开发先进适用的设计软件。顺应网络协同设计趋势，积极推进工业技术软件化。在相关重大项目建设中加大对关键设计软件的支持力度。推进三维几何建模引擎等研发设计软件关键核心技术攻关。布局基本求解算法库、标准零部件库、行业基础数据库和知识库，促进源代码资源开发共享，降低企业研发成本。支持第三方机构开展设计数据、模型和接口标准制修订工作，推广工业 APP 应用。

三、推动重点领域设计突破

（三）补齐装备制造设计短板。聚焦装备制造业开放设计平台建设，特种用途或特殊环境装备设计，高端装备关键零部件设计等重点，拟订并发布制造业短板领域设计问题清单，探索利用"揭榜挂帅"机制，引导相关地区和机构联合攻关，加快突破关键核心技术，促进设计成果创新示范应用。

（四）提升传统优势行业设计水平。运用新材料、新技术、新工艺，在轻工纺织、汽车、工程动力机械、电力装备、石化装备、重型机械和电子信息等具有一定比较优势的产业，实现设计优化和提升，推动传统产业转型升级。

（五）大力推进系统设计和生态设计。积极推进系统设计与系统仿真技术研发，有效带动原始创新。支持清洁高效节约能源产品设备的设计，提升发电装备、余热回收装备、终端用能设备、太阳能利用装置的设计水平。发展循环经济，鼓励开展废弃物回收利用，通过设计创新提升废弃物加工转化设备的效能。推进绿色包装材料、包装回收利用体系设计。

四、培育高端制造业设计人才

（六）改革制造业设计人才培养模式。研发体现中国特色、融汇国际标准、对接市场需求、横跨学科门类的设计类专业课程，构建多学科交叉融合的设计高等教育体系。结合"新工科"建设，推广CDIO（构思-设计-实现-运作）工程教育模式。聚焦制造业培养交叉型、复合型设计人才，大力培育精益求精的工匠精神。鼓励社会团体、高等院校、科研机构和制造业企业协作办学，探索开放式、网络化的设计教学模式，引导更多社会资源投向设计教育领域。鼓励开展中小学设计思维和创新意识启蒙教育。

（七）畅通设计师人才发展通道。加大工业设计人才培养培育力度，探索纳入人才积分落户制度。鼓励行业组织等机构面向不同领域，开展设计人才能力素质评价，完善人才职业发展通道。充分利用设计院所等资源，释放设计智力和要素活力。鼓励具有大型项目经验的设计师设立个人或联合工作室，担任社会兼职，在市场中发挥作用价值。

五、培育壮大设计主体

（八）加快培育工业设计骨干力量。支持制造业企业设立独立的工业设计中心，鼓励工业设计企业专业化发展。继续认定国家级工业设计中心，定期组织交流学习，为中心提供融资、培训、国际交流合作等公共服务。支持制造业企业开放设计中心业务，提升服务能力。鼓励专业设计企业无缝嵌入制造业链条，形成长期稳定合作关系。强化专业领域设计能力和协同创新，与园区平台、产业集群、专业市场等实现融通发展。发展设计服务外包。

（九）促进设计类中小企业专业化发展。鼓励有条件的地区加大财政投入，建立健全设计类中小企业公共服务平台，打造产研对接的产业创新模式，奖励各类重大设计创新成果，在资源共享、融资和人才服务等方面，支持设计类中小企业与相关企业开展对接合作。

六、构建工业设计公共服务网络

（十）健全工业设计研究服务体系。以国家和省级工业设计研究院为主要依托，建设研究服务体系。围绕行业特点和发展趋势开展基础研究，拟订重大战略与规划，建立开放共享的行业数据资源库、材料数据库以及通用模型库等，提供设计工具、设计标准、计量测试、检验检测、成果转化、知识产权保护等方面的服务。多渠道多方式支持工业设计研究院建设，鼓励研究院按照市场规律自主运营、持续发展。

（十一）搭建共创共享的设计协同平台。借鉴国际经验，发挥各类设计机构的人力、技术和资本优势，创新"设计券"等支持方式，建立分布式设计资源共享网络。支持相关高等院校和科研院所，建立完善仪器设施使用和共享机制，面向社会开放科研设施和测试平台，加强设计产业成果转化。搭建设计创新智库咨询服务体系，鼓励开展组织体系建设等咨询服务以及行业前瞻性研究。支持各类设计机构创新组织形式，对接设计需求，开展众创、众包、众设，构建协同发展的设计生态。

（十二）强化设计知识产权保护。发挥国家知识产权运营公共服务平台作用，鼓励有条件的地区和园区探索建立知识产权快速维权机制和知识产权成果转化平台。加大惩戒力度，严厉打击外观设计专利侵权等违法行为，维护行业竞争秩序。加强设计类评奖、大赛、展览的知识产权保护。顺应设计产业发展实际，探索新业态、新领域的外观设计保护，适当扩大外观设计专利权保护客体的范围。

（十三）营造有利于设计发展的社会氛围。支持举办工业设计类展会，鼓励企业积极参与相关展览展示活动。积极促进设计交易，鼓励各地因地制宜举办设计周、设计节或设计集市。支持行业组织和社会机构健全标准制定、规范推广、统计分析等方面的职能，在政企对接、企业合作、业务交流、活动组织、氛围营造等方面更好发挥作用。鼓励行业组织研究提出行业发展的重大设计问题和解决对策，组织开展国际交流，建设中外设计合作基地。

七、保障措施

（一）加强组织协调。建立相关部门统筹协调、合力推动的工作机制。各地相关部门要结合实际，部署落实工作任务。相关行业组织和社会机构要广泛参与，共同落实各项任务安排。

（二）加大政策引导。修订推动工业设计发展的政策，拓展设计内涵外延，针对制造业转型升级提出有力举措。利用相关部门现有渠道和重大项目，支持制造业设计能力提升，重点支持设计基础研究、基础软件开发、设计教育、重点行业领域"母机"设计方法研发等。企业提供技术转让、技术开发和与之相关的技术咨询、技术服务收入，可按国家税法规定享受相关税收优惠政策。加强行业统计监测。

（三）拓宽投融资渠道。鼓励社会资本设立设计类产业基金，完善多元化投融资机制。引导天使投资人和创业投资基金支持制造业设计能力提升项目，为设计企业提供覆盖全生命周期的投融资服务。鼓励符合条件的设计企业上市融资。鼓励银行等金融机构为设计企业提供个性化服务，拓宽抵质押品范围。鼓励担保机构设立专项担保品种，加大对设计企业和设计创新项目的信用担保支持力度。

（四）加强政策宣传。准确解读相关政策，大力宣传设计领域优秀成果、赛事活动、重点企业和领军人才，突出设计创新元素，体现设计对制造业转型升级的支撑作用。加强设计类知识产权保护的宣传，提升诚信经营意识。不断扩大设计创新的社会影响，营造全社会重视设计、推动设计发展的良好氛围。

APPENDIX C 附录C

数字化助力消费品工业"三品"行动方案(2022—2025年)

数字化助力消费品工业"三品"行动方案
（2022－2025 年）

消费品工业增品种、提品质、创品牌"三品"战略实施以来，核心竞争力和创新能力持续增强，产品供给能力和对需求适配性稳步提升。为推进数字化助力消费品工业深入实施"三品"战略，更好满足和创造消费需求，增强消费拉动作用，促进消费品工业加快迈上中高端，制定本方案。

一、总体要求

（一）指导思想

以习近平新时代中国特色社会主义思想为指导，深入贯彻党的十九大和十九届历次全会精神，立足新发展阶段，完整、准确、全面贯彻新发展理念，把握数字化发展新机遇，以消费升级为导向，以数字化为抓手，以场景应用为切入点，聚焦消费品工业研发设计、生产制造、经营管理、公共服务等关键环节，强化数字理念引领和数字化技术应用，统筹推进数据驱动、资源汇聚、平台搭建和产业融合，释放数字技术对行业发展的放大、叠加、倍增作用，推动消费品工业"三品"战略迈上新台阶，更好满足人民对美好生活的向往。

（二）主要目标

到 2025 年，消费品工业领域数字技术融合应用能力明显增强，培育形成一批新品、名品、精品，品种引领力、品质竞争力和品牌影响力不断提升。

——创新能力显著增强。新一代数字技术与消费品工业融合发展更加深入，技术基础进一步夯实，企业经营管理数字化普及率、企业数字化研发设计工具普及率、应用电子商务的企业比例均超过 80%，智慧设计、柔性制造、供应链协同等关键环节的集成创新和融合应用能力大幅增强，消费品工业数字化转型进展加快。

——供给水平明显提高。以企业为主体的技术创新体系进一步健全，产品供给日益丰富，质量与性能持续提升，消费品领域新品、名品、精品不断涌现，在纺织服装、家用电器、食品医药、消费电子等行业培育 200 家智能制造示范工厂，打造 200 家百亿规模知名品牌，产品服务质量和客户满意度持续提升。

——发展生态持续优化。推进以点带面、示范引领、整体提升，创建 50 个数字化转型成效显著、特色鲜明、辐射力强的"三品"战略示范城市。平台化设计、个性化定制、网络化协同、服务化延伸等公共服务能力稳步增强，培育 50 个数字化服务平台，推广 300 个示范带动作用强的应用场景典型案例。

二、重点任务

（一）数字化助力"增品种"。

1. 推出更多创新产品顺应消费升级趋势。加强产业链协同创新，强化数据要素价值，推动企业运用数字化手段提升知识产权创造、运用、保护和管理水平。发挥龙头企业、创新平台、研究机构积极作用，加快行业数字化转型，实现信息、知识和创新资源的集聚共享利用。深化新一代信息技术创新应用，围绕健康、医疗、养老、育幼、家居等民生需求大力发展"互联网+消费品"，加快绿色、智慧、创新产品开发，以优质供给助力消费升级。

专栏 1　创新能力提升工程

产业链协同创新。支持具有生态主导力的龙头企业打造国家物联网标识管理与公共服务平台、工业互联网平台和工业互联网标识解析二级节点，促进产业链上下游企业数据互通、资源互享和业务互联，高效开展关键技术协同创新、特色资源发掘利用、新品种开发和产业化应用，提升产业链协同创新水平，推动上下游产业集群发展。

知识产权服务平台建设。支持在服装、家纺、家用电器、酿酒、钟表、眼镜等行业建立基于区块链和人工智能技术的知识产权服务平台，面向设计师、品牌商等提供外观设计专利检索、版权登记、版权存证、盗版监测、侵权取证、法律维权、推广交易等"一站式"服务。

智能产品开发。充分运用大数据、云计算、人工智能等技术，精准挖掘消费者需求，以技术推动产品创新，以需求带动产业革新，开发更多智能家电、智慧家居、服务机器人、可穿戴设备、适老化产品等智能终端新品。

2. 推广数字化研发设计促进产品迭代更新。持续推进消费品领域工业设计中心、创意设计集聚区建设，汇聚行业研发设计资源，提升行业数字化设计水平。鼓励开发应用具有自主知识产权的设计工具和工业软件，推动建立创意设计工艺、图案、素材数据库，推广应用众包设计、协同设计、云设计、用户参与设计等新模式。建设多方参与、合作共赢的数字化智慧设计公共服务平台，实现设计工具、模型、人才的网络化汇聚和共享共用。

专栏2 数字化设计能力提升工程

设计工具与设计软件开发推广。大力推广CAD、CAE、CAPP等计算机辅助设计工具。建设设计知识库和工艺知识库，构建覆盖大数据存储、集成、分析和管理的开发与应用环境，实现工业设计技术、经验与知识的模型化和标准化，广泛开发推广设计软件。

智慧设计与仿真优化。在印染、皮革、印刷、涂装等行业推广智能配方管理系统，优化原料选择和配方设计。支持家用电器、消费电子、家具、家装材料、轻纺机械等行业应用三维建模、模拟仿真、虚拟测试等技术，开展产品设计、功能开发、工艺优化和测试场景应用。

> 数字化设计公共服务平台建设。汇集产业通用数字技术、专业设计软件和设计师资源，建立具有云端化、智能化、集成化等特征的数字化设计公共服务平台，加强设计与产品需求对接，支持用户参与设计。

3. 推进个性化定制和柔性生产重塑产品开发生产模式。推动建立生产端和消费端数据链路，促进工业互联网与消费互联网互联互通，着力发展协同制造、共享制造、众包众创新模式。支持服装家纺、家用电器、家具、家装材料、特色食品、洗涤用品等行业优势企业基于消费数据采集分析，挖掘用户个性化需求，构建消费驱动型组织模式，开展个性化定制和柔性生产，实现供需高效对接和精准交付。加强数据整合分析、模型库共享与供应商协同，加快培育个性化定制企业和公共服务平台，实现数字化手段对产品消费的赋能、赋值、赋智。

4. 推动数字化绿色化协同扩大绿色消费品供给。推进产品绿色设计与制造一体化，鼓励开发应用节能降耗关键技术和绿色低碳产品，深化产品研发设计和生产制造过程的数字化应用，提升行业绿色制造和运维服务水平。完善绿色产品标准、认证、标识体系，加快推进绿色产品市场供应。积极拓展绿色消费场景，鼓励发展基于"互联网+""智能+"的回收利用与共享服务新模式，赋能行业绿色转型发展效能提升。

> **专栏3　数字化绿色化协同能力提升工程**
>
> 绿色低碳产品推广。鼓励企业按照全生命周期理念开展产品绿色设计，促进绿色低碳技术创新，加强绿色设计关键技术应用，在节能家电、高效照明、环保家具、纤维制品等领域推广200种绿色低碳产品，提升绿色消费体验，不断提升资源环境效益。
>
> 绿色制造水平提升。以数据为驱动推进化纤、印染、皮革、造纸、电池、医药、家具、家装材料、洗涤用品等行业绿色改造提升，推广应用200种绿色工艺技术，推进能源管理体系建设，实现资源能源动态监

测和优化管理。

资源利用效率提升。应用物联网、大数据和云计算等技术对产品的生产消费和回收利用开展信息采集、数据分析和流向监测，提升纺织服装、家用电器、家具、塑料制品、玻璃制品、造纸、电池等行业资源利用效率。

（二）数字化助力"提品质"。

5. 加大数字化改造力度赋能企业提质增效。推动行业加快数字化改造，引导企业聚焦关键生产运维环节，打造研发设计、生产管控、设备运维、远程服务、供应链管理等数字化场景。推动企业加快智能化升级，推广应用工业APP、智能传感器、机器视觉、自动化控制等关键技术和核心装备，提升现代化管理水平、安全生产保障能力和资源配置效率。在服装家纺、家用电器、家具、家装材料、皮革造纸、食品医药等行业，加快培育智能制造示范工厂，实现全生命周期质量管控和产销用协同发展。

6. 加强追溯体系建设助力提振消费信心。面向食品医药等消费品行业，加快推动质量追溯体系建设，推动实现产品源头追溯、一码到底、物流跟踪、责任认定和信用评价。鼓励企业利用现代化信息技术开展原材料供应、产品生产、消费营销等环节数字化溯源，通过高效整合利用质量追溯数据，实现行业监测调度和消费者权益维护。积极建设产品质量追溯公共服务平台，提升社会公众认知度，发挥数字化溯源提振消费信心的倍增效应。

专栏4　质量管控能力提升工程

质量管理数字化。引导企业加强生产制造关键装备数字化改造，推广应用质量管理系统（QMS），开展数字化质量验评、质量控制、质量巡检、质量改进等，实现精细化质量管控，持续提升产品质量。

智能在线监测、检测。在纺织、服装、家用电器、家具、家装材料、洗涤用品、食品、医药等行业推广应用机器视觉等技术和智能检测装备，实现产品质量智能在线监测、分析和结果判定，降低不合格品率。

设备远程运维和预测维护。在化纤、包装印刷、原料药、食品等行业，推广设备在线运行监测、预测性维护，降低设备故障率，保障生产质量。提升家电行业和消费类电子行业基础产品可靠性稳定性水平，加强整机产品可靠性标准、产品可靠性设计和试验检测评价技术攻关。

产品全生命周期质量追溯。推动婴幼儿配方乳粉、肉制品、白酒等企业开展质量追溯体系建设，推广GSI编码体系，加强原材料、生产、营销环节数字化溯源，强化全生命周期质量协同管控，提供信息查询服务，提振消费信心。

7. 加深智慧供应链管理提升产业链协同效率。支持企业加快人机智能交互、工业机器人、智慧物流等技术装备应用，推动实现研发、采购、生产、营销、物流等关键环节的数据集成和信息共享，提升供应链一体化管控水平。鼓励企业加强与供应链伙伴、平台服务商开展业务协作和资源共享，积极开展协同采购、协同制造、协同配送，提升供应链协同管理水平，营造供应链数字化生态圈。面向重点消费品行业，打造数据互联互通、信息可信交互、生产深度协同、资源柔性配置的智慧供应链服务体系。

专栏5　智慧供应链管理能力提升工程

龙头企业供应链改造升级。推动企业建设可视化、移动化、智能化供应链管理体系，通过信息集成、移动互联等方式，实现从交易撮合、下单、生产到成品入库、成品发货、物流追踪等供应链业务流程线上化，提高产能利用率，降低库存水平。

智慧供应链服务平台建设。面向重点行业产业集群和专业市场，建设供应链协同服务平台，汇聚供应链各方海量信息数据，依托平台实现上下游供需智能匹配、产品全生命周期可视跟踪、全链条质量协同管控、集采集销等服务，提升供应链协同效率和质量。

数字化供应链标准研制。制定推广数字化供应链体系架构、成熟度模型、管理指南、共享标准等，组织开展数字化供应链等级评价，鼓励企业供应链体系向销售渠道延伸。以标准引领企业研发供应链数字化工具和解决方案，加快企业构建供应链体系，提升供应链数字化管理能力。

（三）数字化助力"创品牌"。

8. 借力数字技术打造知名品牌。推动企业创新生产服务和商业模式，通过线上线下融合实现全域营销，支持开展品牌培育和专业化服务。加快推进产品设计、文化创意、技术创新与品牌建设融合发展，将中华文化元素有效融入中国品牌，深度挖掘品牌文化价值内涵，探索开展企业品牌价值评价。鼓励优势企业整合国内外资源，支持跨境电商开展海外营销推广，巩固增强中国品牌国际竞争力。

9. 借势数字变革培育新锐精品。在确保数据安全、保护用户隐私的前提下，推动企业运用数字营销网络和数据挖掘分析手段构建用户画像和需求预测模型，培育一批时代元素强、引导时尚消费的专精特新品牌。鼓励企业加快推进智慧商店建设，打造沉浸式、体验式、互动式消费场景，满足多层次多样化消费需求。指导企业加强精细化运营管理，利用数字化方式开展品牌建设，实现品牌精准定位，提升品牌感知质量和社会价值。

10. 借助数字服务塑造区域品牌新优势。推动创意设计园区、创新创业基地、品牌孵化平台等利用数字化手段，加大设计、营销、咨询、策划和数字化转型评估诊断等公共服务供给，为品牌建设提供良好生态环境。依托产业联盟、行业机构、龙头企业围绕优势产业，突出主导产品和区域特色，完善产业结构配套，打造竞争力强、美誉度高的区域品牌，推动商标、地理标志与特色产业发展有机融合，提升区域品牌影响力和产品附加值。

专栏6　品牌培育能力提升工程

强化品牌数字化管理能力。支持企业提升数据管理、数据分析能力，优化品牌管理流程，实现线上线下协同，培育和创造管理先进、品质优良、品牌卓著的消费品一流企业。

提升区域品牌影响力。围绕产业聚集区，支持发挥地方政府及区域公共服务机构作用，打造产业链上下游中小企业品牌联合体，突出地理标志产品、主导产品，鼓励符合条件的消费品产业园区创建"全国质量品牌提升示范区"。组织展览展销、线上线下推广活动，加大优质特色消费品宣传，提升区域品牌知名度。

国潮品牌创新发展。挖掘中国文化、中国记忆、中华老字号等传统文化基因和非物质文化遗产，加强新生消费群体消费取向研究，创新消费场景，推进国潮品牌建设。依托跨境电商扩大品牌出海，开拓多元化市场。

三、保障措施

（一）加强组织实施。建立由相关部门、行业组织、重点企业、科研院所等有关方面共同参与的工作机制，加强部门协同和央地联动，深入开展"三品"战略示范城市创建，统筹推动公共服务平台建设、应用场景典型案例推广、行业知名品牌培育等重点任务，确保各项工作落实到位。

（二）强化政策支持。利用现有资金渠道支持企业实施数字化助力"三品"行动，鼓励地方立足实际制定相应配套政策，支持企业开展创新能力提升和数字化改造。发挥国家产融合作平台作用，引导金融机构为消费品企业提供精准有效支持。鼓励各类平台、机构对中小企业实行一定的服务费用减免，减少企业数字化转型投入。

（三）推动标准引领。充分发挥科研院所、标准化技术组织的专业优势，加快实施"三品"标准推进工程，健全数字化助力"三品"战略实施标准体系。指导企业严格执行消费品领域强制性国家标准，鼓励企业执行推荐性国家标准和行业标准，鼓励社会团体制定严于国家标准和行业标准的先进团体标准，支持企业参与国际标准制定与转化。

（四）加快人才培养。鼓励相关高校、科研院所、行业组织、重点企业利用建设实训基地、共建实验室、举办高级研修班等方式，推进数字化设计、数字化管理、数字化营销等复合型人才的培养。支持行业组织开展数字化助力"三品"创新创业、技术技能大赛。

（五）加大宣传力度。组织"三品"全国行系列主题活动，支持开展数字化改造和创新能力评估，总结推广先进经验和典型成效，加快构建品牌竞争力评价体系。在国家级展会、博览会上开设专题展区，积极展示"三品"工作典型成果。支持行业组织、地方政府开展创新产品、强企榜单发布，多渠道加大宣传力度，营造良好舆论氛围。

参考文献

[1] 唐晓芬. 提升质量是强国必由之路[J]. 中国质量万里行，2011(10): 22-23.

[2] 祝合良. 新发展格局新在哪里[J]. 中国外资，2021(18): 5.

[3] 施京京. 品质革命推动高质量发展——"中国制造的品质革命"阶段性成效综述[J]. 中国质量技术监督，2019(4): 14-19.

[4] 段文博. 资源约束下的日本产业结构演进研究[D]. 长春：吉林大学，2009.

[5] 曾世宏，郑江淮. 产业赶超发展战略理论演进及其对中国产业发展的启示[J]. 改革与战略，2009, 25(8): 39-43.

[6] 李苊. 全球价值链中后发国产业的技术跨越[D]. 上海：上海社会科学院，2010.

[7] 马风才. 质量管理[M]. 北京：机械工业出版社，2009.

[8] 姚青. 基于组织文化理论的企业品质文化建设研究[D]. 杭州：浙江工业大学，2018.

[9] 李黎. 组织创新力对中小企业发展的影响研究[J]. 劳动保障世界（理论版），2012(4): 47-51.

[10] 杜传忠，刘英华. 制度创新是产业革命发生发展的关键：基于三次产业革命的历史考察[J]. 江淮论坛，2016(6): 57-63.

[11] 陈宇. 日本质量管理的特色及启示[J]. 电子产品可靠性与环境试验，2017, 35(6): 50-52.

[12] 魏海勇，李少杰. 德国大学科研创新的政策机制与实践借鉴[J]. 中国高等教育，2018(20): 60-62.

[13] 杨丽洲. 借鉴德国经验推进浙江制造标准国际化路径研究[J]. 中国市场，2020(34): 49-50, 55.

[14] 主要发达国家质量政策比较研究课题组. 主要发达国家质量政策比较之三 德国质量政策研究[J]. 中国质量监管，2020(6): 82-84.

[15] 洪兰，李野，何文威. 美国生物医药产业政策及启示[J]. 中国药房，2005(23): 1771-1773.

[16] 胡海鹏，袁永，莫富传. 美国促进生物医药产业创新发展政策经验及启示[J]. 科技和产业，2021, 21(9): 235-241.

[17] 陈庆，蒋鸣娜，张世联. 美国专利政策对生物医药产业的影响与制度启示[J]. 中国发明与专利，2020, 17(11): 6-10.

[18] 沈建光. 高端制造回流能挽救美国制造业吗[J]. 商业观察，2020(2): 12-16.

[19] 韩文艳，熊永兰，张志强. 21 世纪以来美国制造业演变特点及其启示[J]. 世界科技研究与发展，2022, 44(1): 108-127.

[20] 谭辉. 美国合作创新政策研究[J]. 科技进步与对策，2008(2): 6-12.

[21] 曹航. 资源外包的形成与演进机理研究[D]. 上海：复旦大学，2007.

[22] 日本"母工厂"建设实践对我国的启示[J]. 中国工业评论，2017(8): 109-111.

[23] 刘慧敏. 6S 管理在生产企业中的应用[J]. 中小企业管理与科技，2021(6): 9-10.

[24] 陈雪梅，蔡秋杰，张华敏. 日本汉方药概况及其对我国中医古代经典名方制剂研发的启示[J]. 中国中医药图书情报杂志，2018, 42(2): 1-4.

[25] 王诗恒,刘剑锋,秦培洁,等. 日本汉方药产业管理现状概况[J]. 世界中医药, 2021, 16(2): 351-354.

[26] 杨超,贺俊,黄群慧,等. 日本制造业海外布局策略及其借鉴意义[J]. 国际经济合作, 2018(1): 51-55.

[27] 胡颖. 论韩国影视文化贸易成功及其对中国的启示[J]. 经济研究导刊, 2016(22): 164-165.

[28] 孙茜. 韩国影视文化贸易的成功机制及对中国的启示[J]. 经济师, 2016(8): 98-99.

[29] 黄汉瑛,杨方林. 韩国汉方化妆品产业发展经验及其对我国的启示[J]. 现代营销, 2021(3): 144-145.

[30] 范子文. 韩国工业化的经验及其对北京的启示[J]. 北京市经济管理干部学院学报, 2006(1): 8-12.

[31] 王辉耀. 日本、韩国和新加坡的国际人才竞争战略[J]. 第一资源, 2011(2): 174-188.

[32] 李秀珍,孙钰. 韩国海外人才引进政策的特征与启示[J]. 教育学术月刊, 2017(6): 81-87.

[33] 金福熙. 韩国与中国海外人才引进政策比较研究[D]. 昆明：云南大学, 2017.

[34] 王健. 试论以色列经济发展的特点[J]. 社会科学, 1998(6): 25-28.

[35] 李晔梦. 以色列的首席科学家制度探析[J]. 学海, 2017(5): 170-173.

[36] 宇岩,王春明,张丽佳,等. 以色列军民融合发展经验及其对我国的启示[J]. 世界科技研究与发展, 2020, 42(6): 677-687.

[37] 林虎. 以色列孵化器的发展对中国孵化器建设的启示[J]. 科技创业月刊, 2004(5): 32-34.

[38] 魏际刚，赵昌文. 多维入手促进中国制造业质量提升[N]. 中国经济时报，2017-11-07.

[39] 李珮. 从"制造"到"智造"[N]. 金融时报，2023-09-27.

[40] 中国工程院战略咨询中心，中国机械科学研究总院集团有限公司，国家工业信息安全发展研究中心. 2021 中国制造强国发展指数报告[R]. 2021-12.

[41] 杜海涛，罗珊珊. "新三样"释放外贸新动能[N]. 人民日报，2023-07-19.

[42] 沈洪. 推动先进制造业发展[N]. 中国质量报，2017-02-14.

[43] 丁境炫. 提升汽车等重点行业产品的可靠性水平[N]. 中国政府采购报，2023-07-14.

[44] 中华人民共和国国家统计局. 2017 年国民经济和社会发展统计公报[R]. 2018-02-28.

[45] 政武经. 人民要论：以品牌建设助推制造业高质量发展[N]. 人民日报，2019-02-21.

[46] 曹霞，于娟. 创新驱动视角下中国省域研发创新效率研究：基于投影寻踪和随机前沿的实证分析[J]. 科学学与科学技术管理，2015, 36(4): 124-132.

[47] 曹霞，于娟. 基于IPP-PLS的"科技助力中国梦"实证研究[J]. 运筹与管理，2017, 26(7): 175-182.

[48] 王世琪. 从"选出来"到"养出来"[N]. 浙江日报，2021-04-16.

[49] 苏德悦. 数字福建走在全国数字化发展前列[N]. 人民邮电，2023-04-10.

[50] 宾红霞. 自主品牌"粤创粤新"[N]. 南方日报，2023-05-11.

[51] 代晓霞，陈娟. 新形势下促消费扩内需的现状、问题及对策研究[J].

中国国情国力，2022(5): 8-15.

[52] 刘维林,刘秉镰. 新时代以提升全要素生产率促进高质量发展的路径选择[J]. 改革，2022(12): 15-23.

[53] 郭梦恬，姜铃. 中国式共同富裕探索：基于中等收入群体倍增战略[J]. 中国市场，2023(5): 32-34.

[54] 孙静. 重点行业领域母机获关注　13部委合力提升制造业设计能力[N]. 中国工业报，2019-11.

[55] 于娟,代晓霞. 消费升级时代破除我国乳业难题的思考[J]. 中国乳业，2018(5): 18-20.

[56] 李晓华. 把握制造业转型升级趋势[J]. 智慧中国，2023(6): 28-30.

[57] 中共中央，国务院. 质量强国建设纲要[Z]. 2023-02-06.

[58] 工业和信息化部，国家发展和改革委员会，教育部，等. 制造业设计能力提升专项行动计划（2019—2022年）[Z]. 2019-10-11.

[59] 工业和信息化部，商务部，市场监管总局，等. 数字化助力消费品工业"三品"行动方案（2022—2025年）[Z]. 2022-06-30.

[60] 韩鑫. 加快制造业创新中心建设[N]. 人民日报，2022-11-23.

[61] 任保平. 以习近平经济思想指引中国经济高质量发展[N]. 中国社会科学报，2023-04-27.

[62] 倪红福. 全球产业结构和布局调整的主要特征及应对思路[J]. 人民论坛，2023(17): 70-77.

后记

高质量是制造业强大的重要标志,也是国家综合实力的重要体现。为加快推进质量强国建设,促进我国制造业品质提升,服务新型工业化和中国式现代化建设,《制造业品质革命:发生机理、国际经验与推进路径》一书应运而生。

本书由代晓霞负责书稿的内容组织工作,于娟、陈娟、贾帆、李磊、李博洋参与内容撰写。本书的撰写工作,得到了刘文强、乔标、秦海林等诸位领导的悉心指导和无私帮助,在此表示诚挚的谢意。

本书绘制了推进我国制造业品质革命的战略路径图,我们希望本书的出版,能为我国制造业转型升级提供实践指导和研究支撑。由于制造业行业众多,国家间、行业间、区域间差异较大,需要深入研究探讨的问题很多,书中难免存在疏漏和不足之处,希望读者不吝批评指正。